吕思勉手稿珍本叢刊

中國古代史札録

9

刑法二

吕思勉 著

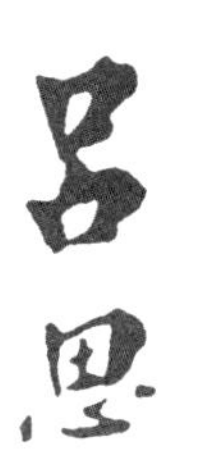

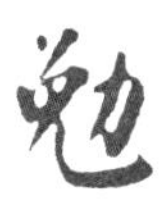

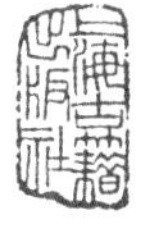

第九册目録

刑法二

刑法二

坐射起而夷宗死者七十餘家。史記孫子吳起列傳

[illegible]者婦陷旱。東海殺一孝婦，枯旱三年。殺牛祭其家，表其墓，天立大雨，歲熟。漢書于定國傳（七一·此）會稽殺一孝婦，連旱二年，刑訟女而祭婦墓，天應澍雨，穀稼以登。後漢書循吏孟嘗傳（七六·此）天下事有如是其相類者乎？屬應有如是其捷者乎？其不足信，不待言矣。然而何以有是傳述之痛？亦可見當時之人，疾吏之風，悲痛之辭也。後閱讀之傳說，雖若無知，而不可以不察。

健訟之弊。漢書言蜀人好文刺譏。後漢書廉范傳：遷蜀郡大守，其俗尚文辯，好相持短長（卷六一·此）

刊注

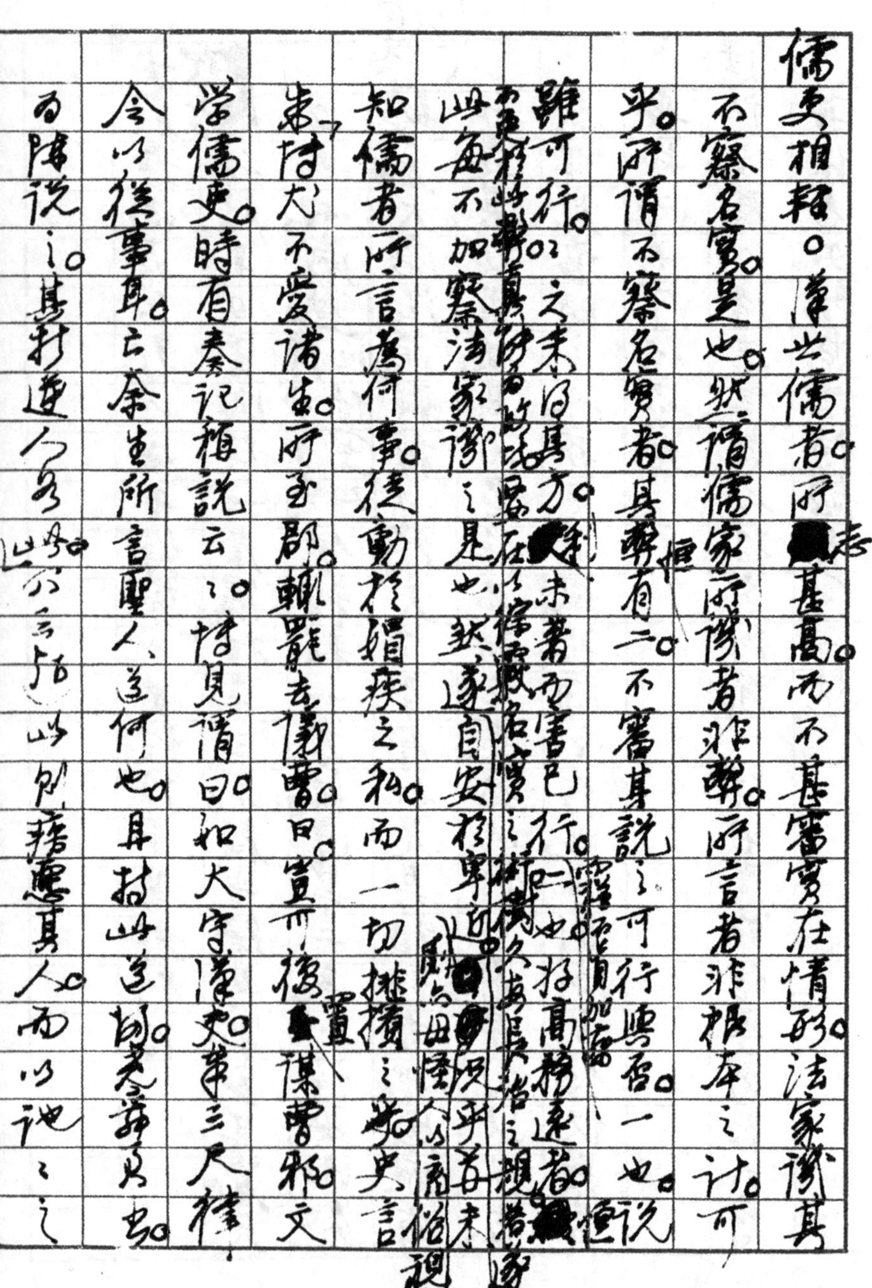

儒吏相輕。爲世儒者，所[illegible]甚高，而不甚審實在情形，法家譏其不察名實是也。然謂儒家所譏者非辭，所言者非根本之計，可乎。所謂不察名實者，其辭有二：不審其說之可行與否，一也；說雖可行，[illegible]未得其方，[illegible]未著而害已行，二也。好高務遠者，[illegible]不[illegible]考核此辭[illegible]真[illegible]名實之術，[illegible]久安長治之規，[illegible]此每不加察，法家譏之是也。然法家遂自安於卑近，[illegible]見乎[illegible]者，未知儒者所言爲何事，徒勤於目前之私，而一切推擯之，如史言朱博尤不愛諸生，所至郡輒罷去議曹，曰：豈可復置謀曹邪。文學儒吏時有奏記稱說云云。博見謂曰：如太守漢吏，奉三尺律令以從事耳，亡奈生所言聖人之道何也。且持此道歸，堯舜君出，爲陳說之。其於遣人爲[illegible]也，[illegible]不言[illegible]，此則務惡其人，而以詆之之[illegible]

（旁注：[illegible]移風易俗，視之[illegible]矣。）

猶音聲之距人於千里之外耳語餘而治得乎
周官之法令。大宰掌建邦之六典以佐王治邦國以八法治官
府以八則治都鄙　大史掌建邦之六典以逆邦國之治掌法
以逆官府之治掌則以逆都鄙之治凡辨法者考焉不信者刑
之　御史掌邦國都鄙及萬民之治令以贊冢宰凡治者受法
令焉
四方獄訟。周官訝士掌四方之獄訟諭罪刑於邦國
柏拉圖不尚法律。亦不尚武力。但以善則法律無所用否則有
法律亦無補　於此其實為烏托邦及無政府主義之先聲
法律之效用。利益雖應保障然法律機構能力有限機構周密

改良但尚須利用他種制裁　故法律之所能爲者盡於維持秩序使其他工具得爲有效之進行

今日國家關於法律問題應立之組織。(一)考察法律(二)考察其應用(三)搜羅失出失入之案件求其致此之由(四)留意新發生之事實研究應付方法(五)研究所立之法孰能達到立法之目的孰不能之故何故不能

立法前調查人民之所求。何者已得何以得之　何者未得其不得之理　調查既得爲之分類　立法者之立法司法者之判決法學家之研究得之皆可爲根據　此社會事實也與根據自然需理演繹而成之自然權利大不相同矣　兩者皆必

吾自以為畫得之，此則可定其界線

法律與道德〇自然派視為一，歷史派以風俗代之，風俗乃道德之最大者也　哲學派分法律與道德　社會哲學派使法律與倫理，倫理定其目的，法律為手段以達之

斷獄或據概括公式或據特殊事實〇第十九世紀重之後者

今日之趨勢二者宜求折衷

法重預防〇昔日無有，今之少年法院是也　蓋此合理者

法貴詳明，要求個別化〇事之所而其可為不可為，以精確之，則政指導之，如家庭教養是也　個別指揮與法令之除括　今之社會與村鄉藉

蓋社會複雜故求此　蓋須了解此　今法學中之社會學

刑法

假借與法律刑令個別適用之重要

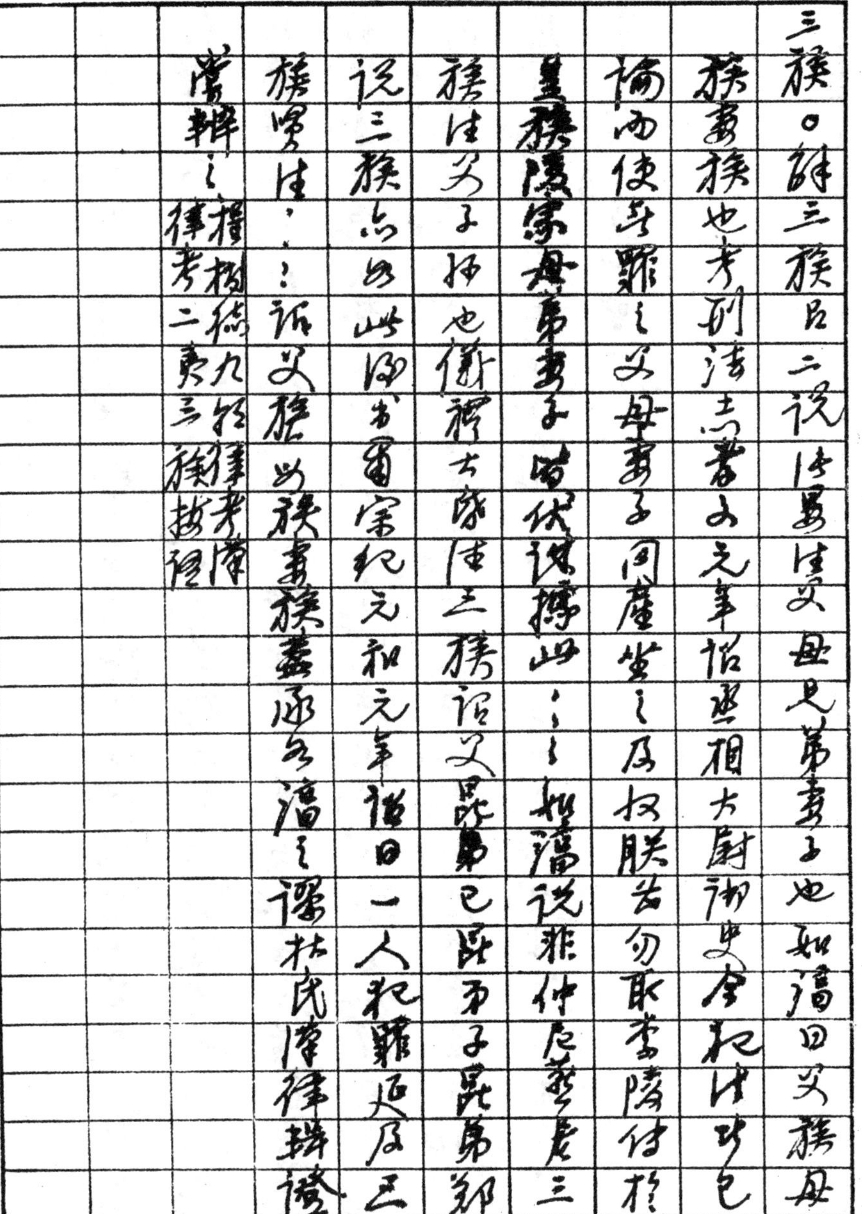

三族○諸三族凡二說一說父母兄弟妻子也如淳曰父族母族妻族也考刑法志文元年詔丞相太尉御史令犯法者已論而使無罪之父母妻子同產坐之及收朕甚勿取其議隨於並族隨家母弟妻子時伏誅據此云云如淳說非仲尼蓋君三族謂父子孫也儀禮古說謂三族謂父昆弟己昆弟子昆弟鄭說三族亦如此漢書宋紀元和元年詔曰一人犯罪延及三族謂男法云云謂父族母族妻族盡迷無遍之謬杜氏漢律辯證嘗辨之

程樹德九朝律考漢律律考二頁三族按語

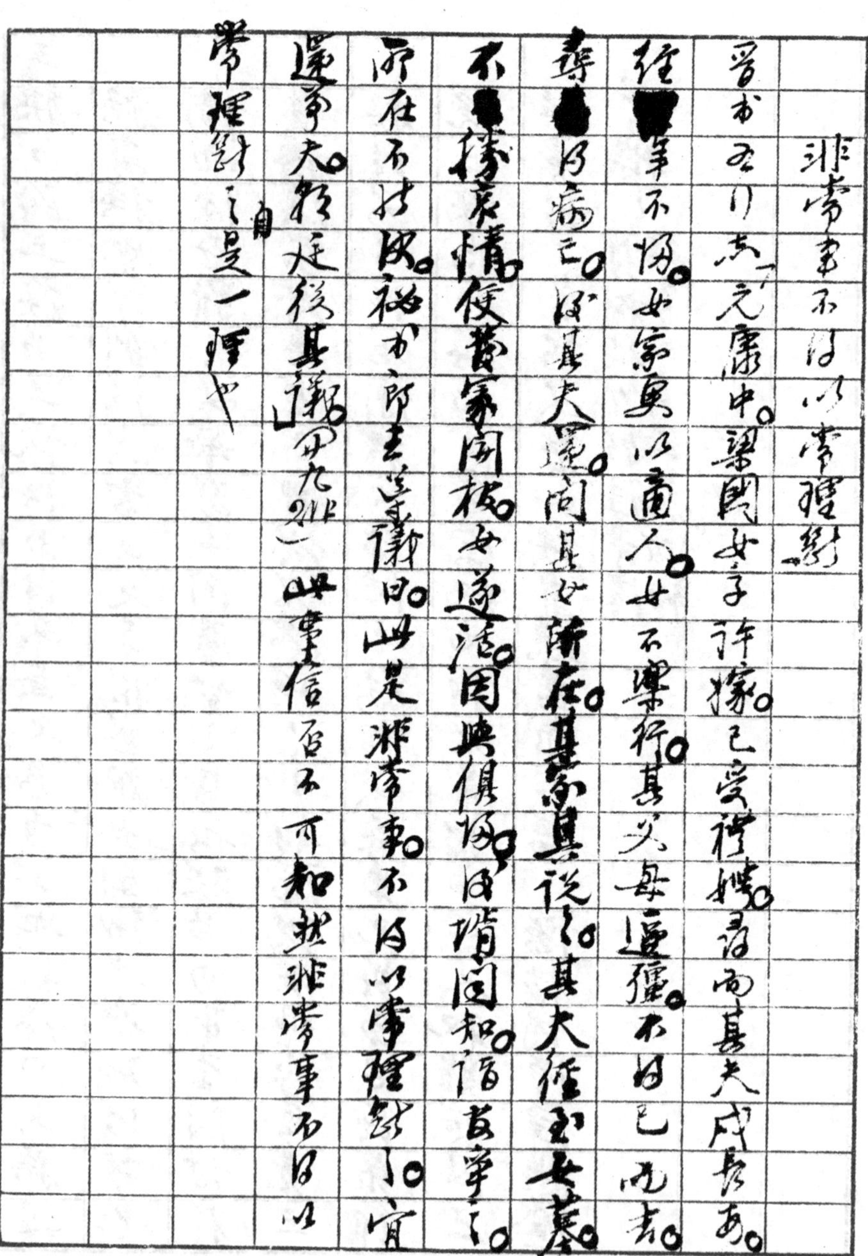

非常事不得以常理斷

晉書五行志元康中，梁國女子許嫁，已受禮娉，尋而其夫戍長安，經[illegible]年不歸。女家更以適人。女不樂行，其父母逼強，不得已而去。尋[illegible]得病亡。後其夫還，問其女所在，其家具說之。其夫徑至女墓，不[illegible]勝哀情，便發冢開棺，女遂活。因與俱歸。後婿聞知，詣官爭之。所在不能決。秘書郎王導議曰：此是非常事，不得以常理斷之，宜還前夫。朝廷從其議。（四九、二、廿一）此事之信否不可知，然非常事不得以常理斷之，自是一種理也。

讀書通訊介紹訂閱單

玄宗紀 開元二年春正月

唐末兩新律 御史所情

法 以良知揉搓 以其抹楊

除去殺機 御史大夫李傑

費 萬萬萬萬萬萬萬萬萬

訂 三三三三三三三三三

上令頒黄新所以詢百友

人 以因利一日不可行刑罪

閱 表陸續乃有林殺之人也

訂

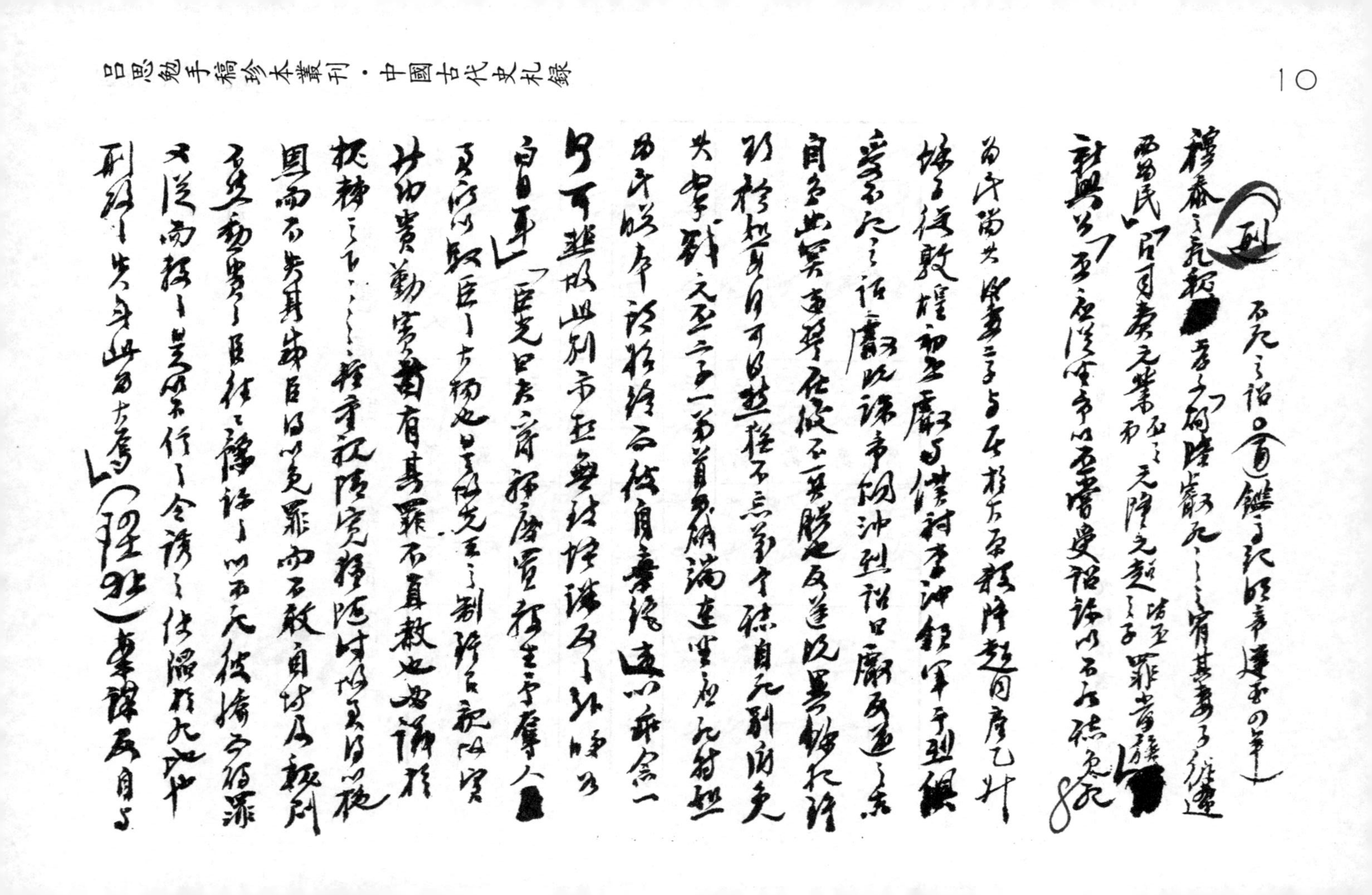

[illegible]

修律不自今日而起于謀反叛條是國後國家始終動
皆不足之處之個抵矣　　該員不死之詐彼
乃騰合擾亂罪章處不作之空談之史騰則中之首　墨
逆謀叛之等他罪則若文圖仍許以不死者許安
謀而論之寧未有先十數百何分不死之詐乃此
定之何此但問其社會內部之騷擾之不除自
無謀叛之事故非謀亂也至於社會情形
複雜而於罪情偶有端則謀反之類亦亦不
可謀詐以免死此也即不可同年級刑者
之審要遂亦當通安飭也　傳又十一月十

〔困〕律不死之語（景初元年）之文頗似丁后

從容謂侍臣劉穆之文帝常賜朕求鐵券

誓書不死勝概至歸之處以鐵券日中閏至教宣

契鐵券（梁書下）則鐵券之為人所有已久矣

刑比

經說年未滿十五過惡不在其身　後書來歙傳（十五卷）

律設大法禮順人情　後書卓茂傳（廿五卷）

律禁吏受遺　同右

舊制至秋乃行薄刑和帝末下令麥秋得案驗薄刑州郡遂盛夏斷獄肅宗時斷獄皆以冬至前魯恭請大辟盡大辟盡冬月乃斷立春在十二月中者勿以報囚　後書魯恭傳（廿五卷）

許將妻入獄生子　後書鮑永傳昱（廿九卷）　又吳祐傳（六四卷）

刑法

承平舊典，請當重論，皆須奏獄，先請後刑。後避請讞之煩，輒託疾病，多死牢獄（後書襄楷傳，卅下8上）

漢舊事，斷獄報重，常盡三冬之月。肅宗改用冬初十月而已（後書陳寵傳，四六上）

皇子有罪……者誅（後書樊宏傳，三二下）

歲時伏臘，遣繫徒歸家（後書虞延傳，三三上）　於道解徒桎梏，恣所之（適）。聽囚歸斂母（後書鍾離意傳，四一上）

亡負（後書第五倫傳，四一下）東此基證亡罪

冤枉並會赦不肯出獄　晉書庾亮傳（六八上）

自繆夭　漢書外戚傳（九七下上）棄繹印綬

首匿言為謀首而藏匿罪人　漢書宣紀　又見杜周傳注（八上）（六十上）　亦見後書梁統傳（六四上）　晉書刑法志作通匿

知縱謂見知故縱　後書梁統傳（六四上）

年八十以上非誣告殺傷人它皆勿坐　漢宣紀元康四詔

一人有辜舉宗拘繫　漢成紀鴻嘉四年詔（十上）

猶謂以威力增人也，賕枉法以財相謝　漢書王子侯表注（十五上下）

刑法

（保辜）漢書高惠高后文功臣表昌武侯德元朔三年坐傷人二旬內死棄市」蓋即保辜

（搏揜）又安丘侯拾元鼎四年坐入上林謀盜鹿又搏揜完為城旦」師古曰搏揜謂搏擊揜襲人而奪其物也搏字或作博一曰六博也揜意錢之屬也皆謂戲而取人財也」又郎侯黃遂元鼎元年坐揜搏奪公主馬髡為城旦」師古曰搏字或作博　又樊侯蔡辟方元鼎四年坐搏揜完為城旦

律曰：矯詔害，矯詔不害。漢書景武昭宣元功臣表（十七上）外戚恩澤侯表（十八上）

律說：出罪為故縱，入罪為故不直。漢書景武昭宣元功臣表（十七上）

斧[illegible]質之同鑕　漢書項籍傳注（卅一上）

野蠻人之平鍥口知肉以刃殺蘇武而左伊秩訾曰即謀單

于河以後加（漢書西域傳下）

坐重罪於蠶室中（漢書西域傳上）　坐在圖牆之中　漢書司馬遷傳

廷尉以為不子上請　漢書東方朔傳（六十五上）　司隸吏二千石當先請　劉屈氂傳（六十六上）

無正法無以相允以聞　漢書陳湯傳（七十上）　律無故告送獄　漢書王尊傳（七十六上）

刑法

清末法学薛允升沈家本 見宣升傳 229下 223卷 又趙舒翹傳 又沈曾植見二五九

盜案分首從起清聖祖世宗 又 228 2下 3下

挾詐者 謂虛事對之而挾以行 漢書高惠高后文功臣表(十六 42下)

男子為隸臣女子為隸妾 漢書高惠高后文功臣表孝世元 孫信成注 考二蒯成侯緤

作司空 見漢書陳萬年傳(六六 8上)

刑法

「殺人執五刑以積威傷肌膚以懲惡」漢武帝仲舒 見漢書本傳

法者官而循序誅所言當其古據見漢書王莽傳（九九上卅下）

（非教也）見漢書（同八卅）東方朔傳 王莽（七十九上）東方朔傳

方鄭康成謂其道無證教乎（三卅）蜀志傳 蜀志傳（十六卅）

出隸舍人之非所當 後漢書張敏傳（七の卅）

（杖片大小理天下人殘千[illegible]里五百里）蜀志孫權傳（十の卅）

（生事天道棄市）漢書高惠高后文功臣表 汲侯廣德元光五年

於法無以法時律令論 漢書孔光傳（八一叶）

漢書薛宣[illegible]侍御史中丞等奏宣子況引律曰又引傳曰引律

亦見傳（八三叶）

皮膚腫起青黑而無創瘢者律謂疻痏 漢薛宣傳（八三叶）

大臣括髮關械裸躬就笞非所以重國褒宗廟也 漢王嘉傳永信少府猛等言（八六叶）

功令著名者今選舉令 漢儒林傳注（八八叶）

長安主陽都尉吏隨沒入則不以家產盡絕為限 漢佞幸傳（九三叶）

高年（首以下原缺未見作者續）須繫相誣告殺傷人定皆勿坐（八十以上）未滿七歲犯死上請

得減死者（漢書刑法志）（卅三頁）

三國志烏丸傳注引魏書其約法違大人言死盜不止死其相
殘殺令部落自相報報不止詣大人平之有罪者出牛羊以
贖死命乃止自殺其父兄無罪其亡叛為大人所捕者諸邑
落不肯受皆逐使至雍狂地地無山有沙漠流水草
木多蝮蛇在丁令之西南烏孫之東北以窮困之（卅頁）
又高句麗傳無牢獄有罪諸加評議便殺之沒入妻子為
奴婢（卅六頁）
明呂鑒於鏡以益不忘人（魏志書紀注）（頁）

軍征校尉一統於督 別將以專殺 漢制棨戟即為斧鉞以
專殺 後書郭躬傳(七六上)

故誤 後書郭躬傳(七六下)

寧窮 強盜 攻盜 亡逃之科 通行飲食罪致大辟 後書陳寵傳(七六上)

諱盜 同右

不許代死 後書應奉傳(七八下) 陳忠奏母子兄弟相代死，聽，赦所代者 後書陳寵傳(七六上)

橋玄為縣功曹，告陳相罪惡，乞為部陳從事，窮治其姦 後書本傳(八一上)

結，正其罪也 後書儒林楊倫傳注(一〇九上)

聽母則逮令殺母則誅首匿保自藏母爲吏所獲 魏武紀（一九オ）

謀反大逆乃得相告 魏志文紀（二〇オ）

夏侯玄著本無肉刑論 三国志曹爽伝注引魏氏春秋（一九ウ）

軍征士亡考竟妻子 三国魏志高柔伝（五〇オ）

劉廙先刑後禮論 呉志陸遜伝（十三オ）

條書〇三国呉志孫和伝「是時有司頗以條書問事和以爲奸妄之人將因事錯意以生禍心不可長也表宜絶之」（十〇オ）

阿附蕃王法〇後書光武紀建武二十四年「詔有司申明舊制阿附蕃王法」（下八ウ）

「如言曰乙今歸先王而犯其罰全之兩」漢書[illegible] 已付傳（至十二上）

教等事例論見漢外戚孝成趙皇后傳（九十七下九上）

法律思想之变遷

法學原於希臘哲學而羅馬人實見之　希臘各府市習俗不同與外邦人又異又有時代之異欲於(一)服從的習慣(二)治者之意志外別求制裁之根據乃從事於觀察自然界中(一)常存(二)普徧之現象　欲推求理想之社會狀態因而知人當守之分所謂法律秩序者即人所安其分之謂也　羅馬法家以此思想致諸實用　所謂自然權利者之義理原於自然入於羅馬法家之分則織自然法律自然法律者原於事物之自然性在人則有普徧性者也法之本也事之則也羅馬法家之所求則盡力使現行之法與之合也

十二世紀（宋徽宗建中靖國元年至寧宗嘉泰元年）意大利大學之思想以爲羅馬民法當時之國亦嘗受治焉　於是有注疏之學將法律本文逐條詮釋將文有牽涉區別摘所區別以造成法式或規程此學在十三世紀極盛此時將本文整理成系統而已　至十三世紀後半而解註家出據注疏家之所爲加以形式邏輯經院哲學而推闡之則歸入一定之系統於法律矣至於十五世紀　十五世紀末而法律之科學研究起其中人文主義者不斤斤於羅馬法而注意於法律之全體矣

中世紀社會之靜止實以威權稱代爲之基　羅馬所遺之法成爲戒令之體系而其中之以威權稱代以維持一成不變之社會

為障　宗教革命而法律之科學基礎毀十七世紀萬事帝國有繼續存在性而羅馬法之有效破法律當建於理性之上於是十八世紀清聖祖康熙四十年至仁宗嘉慶四五之自然法派推翻個人之天性以為法律之原泉　若斯也若法律及法學家謂為應有之法律為一種所謂應有者變現行法律及社會秩序之影響

十九世紀清仁宗嘉慶六至德宗光緒二十六歷史派興德國為歷史的哲學的英國為歷史的比較的視法律非人力所造而有社會壓力為以風俗習慣為典範如其說則法律史其實現正義思想之紀載而政治之理想證特也

法律其經人發見而非由人造所成也　~~[illegible]~~也誼傳統法律所表概念為法律基本概念係由法域為然將定其為

普徧改良之法律不合其想像之進程者皆反對焉

哲學派 十九世紀流為玄學派 求法律體系而其所謂體系者從基本概念專賴演繹而得 大率虛非批評傳統思想而為傳統思想實覺根據倫理上本無直覺地內玄學辯護而若可信實

又有英國分析法學派與哲學說辯闢 法律意已者展之法律系統分析之而得普徧性 謂法律由意志造成法律與威權 威權未自執行力非執行於法院者不稱法律 縱有影響 實其解決方案仍本於相傳之概念 然法律目的 立法司法皆不參考種性人類之要求社會進步之要求

十九世紀自然法派衰玄學派與歷史派中分說隆盛至紀末德意大利蘇格蘭於歷史派獨占全局

二十世紀有兩趨勢曰法律哲學再生曰以社會學為依據 依
社會科學之見解研究法律之作用 視法律秩序為社會制
度之一種 十八世紀個人自個人天性的法律原理十九世紀
個人權威個人意志合也個人主義影社會哲學代興 離法
律性質重法律目的重法律所保障之利益 法律為過去文明之產物
又為以過去文明之結果適應現代文明之常識 知此則知
此須從發律性限制人之川事思想
路變亦有限制歷史之進 著僅重政治史今必需
社會史有深切了解 法律以當時之文明作假設根據
以其法律以判決 川為有社會價值者評價之材料 經濟
詮釋始於馬克思時在一八五九（咸豐九）法文寫成一八九一年以德法

憲光緒皆受人注意者說法律所以為是統治階級之需要
十七年
為國內極有勢力之集團之目的而此目的由經濟迫切之需
要決定之　此項影響間接遼遠

一一

梟

陳書高帝紀聞梟故寧王頭懸樓下市上仰首高梟物

首手於上

刑

一

二、律有高言役羽亭周荷

師古曰亭謂薦而殺

刑法

王子侯殺人（及使人殺）手人

此說重見高惠高后文功臣表

詳前王子侯表

百官公卿表

桓侯戎奴　元狩五年坐■謀殺人（作使人　注云）未殺□□國除

戚安侯慶　元封二年坐使奴殺人（免）

征和三年邘侯李壽為衛尉居守擅出長安界

征和三　使吏殺人下獄死

又　王子侯表

沈侯嵩　神爵二年坐賊殺人上書要上下獄瘐死

甘井侯光　征和二年坐殺人棄市

又　九　外戚恩澤侯表

周子南君□□（姬）　地節二年坐使婢殺家丞棄市

又　王子侯表

騶丘侯毋害　本始二年坐使人殺兄棄市

易侯德　始元元年坐殺人免

以上　路陵侯童　元狩二年坐殺人自殺

又　榮關侯騫　坐謀人令殺免

又　宮侯龍　元康元年坐使奴殺人下獄瘐死

又　邵侯順

邵侯 順
代共王子
正月壬戌封，二十六年，天漢元年坐殺人及奴凡十六人，以捕匈奴千騎免。師古曰：詐云捕得匈奴騎，故私殺人以蔽之。

又　蓋胥侯敢　征和二年坐殺人棄市

諸侯王表

平干繆王元　趙敬肅王曾孫　五鳳二年坐殺謁者會薨不得代

濟川王明　梁孝王子　建元三年坐殺中傅廢遷房陵

濟東王彭離　梁孝王子　孝景中六年立　二十九年　坐殺人　廢遷上庸

王子侯表 畢梁侯嬰 □□四年坐使人殺人髡爲城旦

文 陽興侯昌 建始二年坐朝私留它物使

唐人殺人棄市 唐子則侯 唐弟尼謀

平邑侯敞 初元元年坐殺一家三人棄市

史記建元以來侯者表 ……侯 元狩元年……坐謀殺人未

殺國除

一 ……

二 建元以來王子侯者表 兹侯明

國名	王子號	元光	元朔	元狩	元鼎	元封	太初
兹	河間獻王子	五年正月壬子侯劉明元年	三	三年侯明坐謀反殺人棄市國除			

葛魁　徐廣曰葛一作菖　索隱表志闕鄉名

菑川懿王子

二年五月乙巳節侯劉寬元年

五

四年今侯戚元年

三

二

三年侯戚坐殺人棄市國除

漢書景武之以後功臣表　承父爲侯相如　征和の年　坐賊殺

[illegible]坐父爲[illegible]二年坐殺人

漢諸侯王表　廣川王海陽　甘露の年　殺人廢徙房陵

史記建元以來侯者年表　新市侯王棄之　元光の年　爲人所殺國除

漢表作爲人所賊殺

又高祖功臣侯表　安國侯安國辟方　元狩之年　爲人所殺國除　漢表

漢表以東越繇王[illegible]侯居股　征和

二年封の年　坐二年　爲人所賊殺

南利侯昌

廣陵厲王子

七月壬子封五年地節二年坐賊殺人免

漢王子侯表

汝南

脩市原侯寅

清河綱王子

四年四月巳丑封三年薨

地節三年頃侯千秋嗣

釐侯元嗣

侯雲嗣免

勃海

士頻不得禄矣有司言三銖錢輕易姦詐乃更請諸郡國鑄五銖錢周郭其下令不可磨取鋊焉大農上鹽鐵丞孔僅咸
陽言山海天地之藏也皆宜屬少府【索隱】韋昭云少府天子私所給賜經用也公用屬大司農陛下不私以屬大農佐賦願募民自給費因官器作煑
鹽官與牢盆【集解】如淳曰牢廩食也古者名廩爲牢也盆者煑鹽盆【索隱】蘇林云牢價直也今世人言雇手牢盆小顏云蘇說是樂彥云牢乃盆名其說異也浮食奇民欲擅管山海之貨【集解】張晏
曰若人執倉廩之管籥或曰管固【索隱】包愷奇音羈謂侯也非農工之儔故言奇也擅音善以致富羨役利細民【索隱】羨音弋戰反羨饒也與衍同義其沮事之議不可勝聽【索隱】沮止也僅等言
山海之藏宜屬大農奇人欲擅其利必有沮止之議此不可聽許也敢私鑄鐵器煑鹽者釱左趾【集解】史記音義曰釱音徒計反韋昭曰釱以鐵爲之著左趾以代刖也【索隱】三蒼云釱踏脚鉗也字林音大計反張
斐漢晉律序云狀如跟衣著足下重六斤以代臏至魏武改以代刖也沒入其器物郡不出鐵者置小鐵官【集解】鄧展曰鑄故鐵便屬在所縣使孔僅東郭咸陽乘

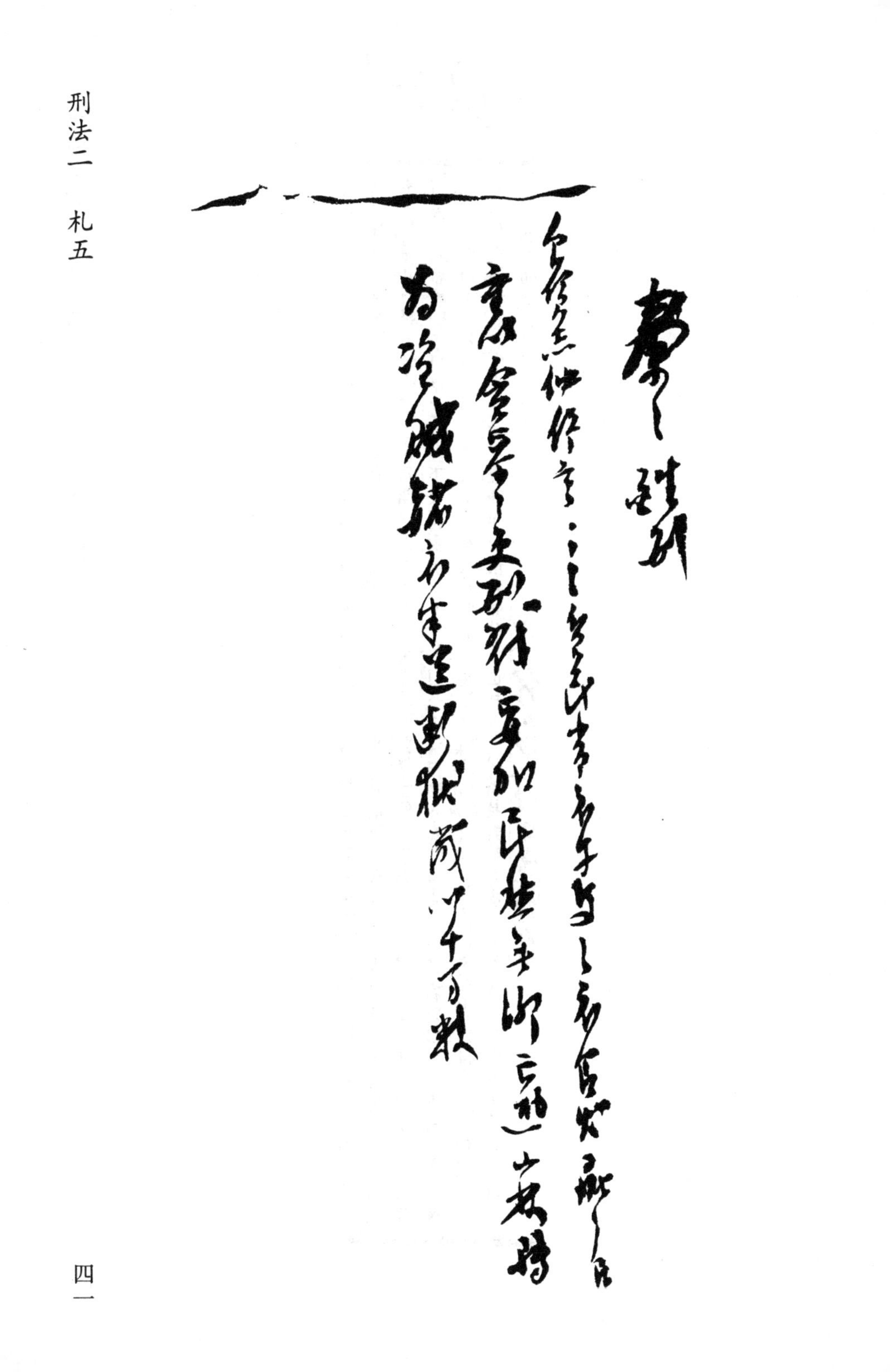

此列

得死列侯羣臣皆賀相國紿信曰雖疾強入賀信入呂后使武士縛信斬之長樂鍾室（正義）長樂宮懸鐘之室 信方斬曰吾悔不聽蒯通之計乃爲兒女子所詐豈非天哉遂夷信三族高祖已從豨軍來至見信死且喜且憐之問信死亦何言呂后曰信言恨不用蒯通計高祖曰是齊辯士也乃詔齊捕蒯通蒯通至上曰若教淮陰侯反乎對曰然臣固教之豎子不用臣之策故令自夷於此如彼豎子用臣之計陛下安得而夷之乎上怒曰亨之通曰嗟乎冤哉亨也上曰若教韓信反何冤對曰秦之綱絕而維弛山東大擾異姓並起英俊烏集秦失其鹿天下共逐之（集解）張晏曰以鹿喻帝位也 於是高材疾足者先得焉蹠之狗吠堯堯非不仁狗固吠非其主當是時臣唯獨知韓信非知陛下也且天下銳精持鋒欲爲陛下所爲者甚衆顧力不能耳又可盡亨之邪高帝曰置之乃釋通之罪

史記淮陰侯列傳

田橫因謝曰臣亨陛下之使酈生今聞其弟酈商爲漢將而賢臣恐懼不敢奉詔請爲庶人守海島中使還報高皇帝迺詔衛尉酈商曰齊王田橫即至人馬從者敢動搖者致族夷迺復使使持節具告以詔商狀曰田橫來大者王小者迺侯耳不來且舉兵加誅焉田橫迺與其客二人乘傳詣雒陽（集解）如淳曰四馬下足爲乘傳未至三十里至尸鄉廄置（集解）應劭曰尸鄉在偃師瓚曰廄置置馬以傳驛也橫謝使者曰人臣見天子當洗沐止留謂其客曰橫始與漢王俱南面稱孤今漢王爲天子而橫迺爲亡虜而北面事之其恥固已甚矣且吾亨人之兄與其弟併肩而事其主縱彼畏天子之詔不敢動我我獨不媿於心乎且陛下所以欲見我者不過欲一見吾面貌耳今陛下在洛陽今斬吾頭馳三十里間形容尚未能敗猶可觀也遂自剄令

列傳

中山靖王勝
景帝子
六月乙巳立四十二年薨
元鼎五年哀王昌嗣二年薨
元封元年糠王昆侈嗣二十一年薨　師古曰糠音與康同謚法好樂怠政曰糠此它皆類此
征和四年頃王輔嗣三年薨
始元元年憲王福嗣十七年薨
地節元年懷王脩嗣十五年薨亡後
鴻嘉二年八月夷王雲客以懷廣德王從父弟子紹封一年薨亡後

廣川惠王越
景帝子
中二年四月乙巳立十二年薨
建元五年繆王齊嗣四十五年薨
征和二年王去嗣二十二年本始四年坐與姬不道廢徙上庸與邑百戶　師古曰[illegible]

[illegible]

見知

[illegible]

初定有時見知子犯逆不道罪免

[illegible]

成陵節侯	平干頃王	三月癸丑封，四百一十戶	侯德嗣，鴻嘉三年坐弟與後母亂，共殺兄，德知不舉，不道，下獄瘐死

光

廣平

[illegible]

平州侯王唊 如淳曰唊音頰

侯千四百八十户

三年四月丁卯封四年薨亡後

梁父

浩侯王恢

以故中郎將將兵捕得車師王侯

正月甲申封一月坐使酒泉矯制害當死贖罪免○如淳曰律矯詔大害要斬有矯詔害矯詔不害

[illegible]

見功臣表

乾隆四年校刊

高陵其侯翟方進　以丞相侯千戸哀帝十二月壬郎位益子子封八年寘五百戸薨　綏和二年侯宣嗣十二年居攝元年弟東郡太守義舉兵欲討莽莽滅其宗　琅邪

定陵侯淳于長　以侍中衛尉言昌陵不可成侯千戸皇太后姊子　元延三年二月丙午封一年綏和元年坐大逆下獄　汝南

汜鄉侯何武　師古曰汜音凡　以大司空侯千戸哀帝郎位益千戸　四月乙丑封十年元始三年爲莽所殺賜謚曰剌　元始四年侯况嗣建國四年薨　南陽

博山簡烈侯孔光　以丞相侯千戸元始元年益萬戸　二年三月丙戌封二年建平二年坐衆職廢免元壽元年五月乙卯復以丞相侯六年薨　元始五年侯放嗣王莽敗絶　順陽

期思　屬淮南　安名中大夫賁赫告布反侯二千戸　賁姓音肥　淮南王布中大夫　元年　七　八　十三　十四年赫薨無後國除

百三十二

屬丞韓信地道破齊軍攻卯記屬藏荼遷爲閻東海將軍擊信侯侯合千戸　泉八李必此作李必也李誤

班元年

信成元年　二十六　縱丞相侯神道壖不敬國除　九十

史記卷十八　年表　六十六

元狩元年

樂安侯李蔡爲御史大夫一年遷

年坐不繕園陵免

郎中令五年免

大行令李息

宗正劉受

中尉司馬安

會稽太守朱買臣爲主爵都尉

左內史倣

四

大將軍衛青爲大司馬大將軍驃騎將軍霍去病爲大司馬驃

戚侯李信成爲太常二年坐縱丞相李蔡侵道免〇宋祁曰據功臣

侯[illegible]受爲宗正二年坐聽請不具宗室論大農令顏異二

王溫舒爲中尉五年遷

僕爲主爵都尉

義縱爲右內史二年下獄棄市

王訢　百定六百八戶　封二年薨　薨　八年薨　十八年薨　始元年爲兵所殺

安平敬侯楊敞　以丞相侯七百戶與大司馬大將軍光定策益封千忠凡五千五百四十七戶　六年二月乙丑封一年薨　元平元年頃侯忠嗣十一年薨　元康二年侯譚嗣九年五鳳四年坐爲典屬國季父惲有罪譚言誹謗免

汝南

壯侯　兵擊匈奴獲名王首虜一萬九千級侯二……十戶　四月癸巳封三十四年薨　初元二年嚴侯成嗣十六年薨　建始三年愛侯邯嗣五年薨　侯翕嗣四十九年建武四年薨　亡後

陳留

常……

……以平……大……十戶　地節二年　……　永始四年……

蔡義　策益封凡七百戶　始四年薨　亡後

右孝昭六人　一人桑樂侯隨父凡七人

平通侯楊惲　以左曹中郎受董忠等言霍禹等謀以告侍中金安上侯二千五百戶　八月乙丑封十年五鳳二年坐爲光祿勳誹謗政治免

博陽

都成……　以侍中中郎將受楊惲言霍禹……　八月乙丑　五鳳三年　元始元年　元始元年

平丘侯王遷

以光祿大夫與大將軍霍光定策功侯，千二百五十三戶

八月辛未封，五年，地節二年，坐平尚書聽請，受臧六百萬，自殺。〇如淳曰：律諸為人請求於吏以枉法，而事已行為聽行者，皆為司寇。師古曰：有人私請求而聽受之。

肥城

爰氏肅侯便樂成

師古曰：杜周傳作史樂成，霍光傳作便樂成，今此云姓便，三者不同，疑表誤。

以少府與大將軍光定策功侯，二千三百二十七戶

八月辛未封，二年薨

本始二年，康侯輔嗣，三年薨

地節元年，哀侯臨嗣，二年薨，亡子，絕

元始五年閏月丁酉，侯鳳以樂成曾孫紹封，千戶，王莽敗，絕

單父

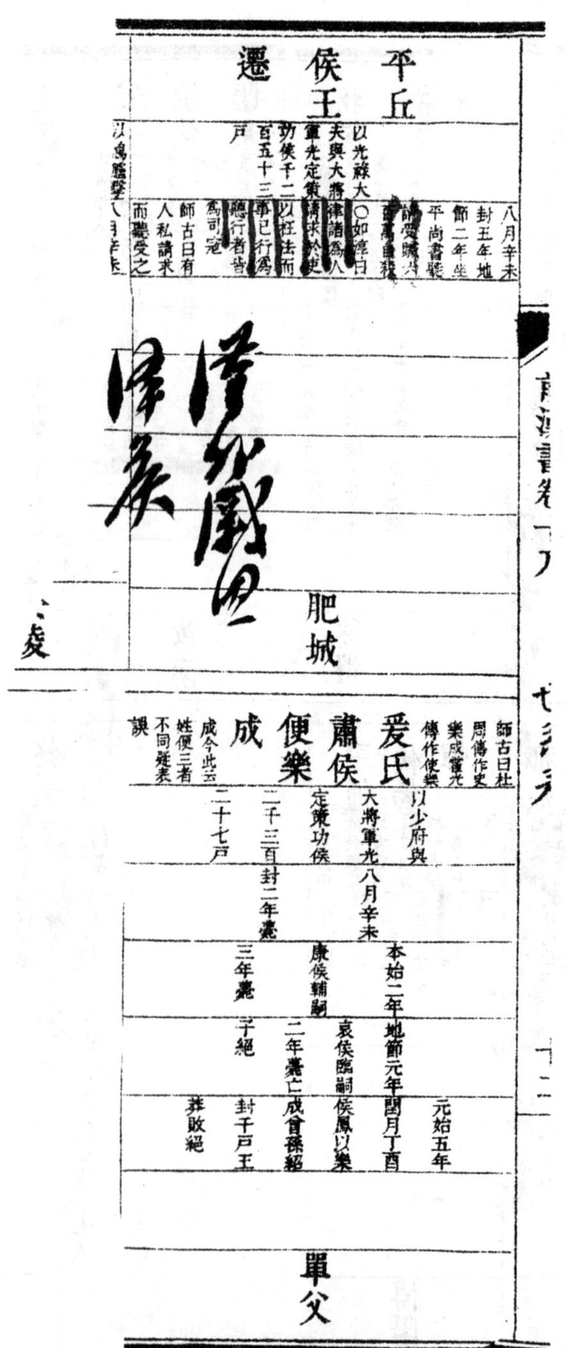

師古曰濞娶傳云季必今此作

戚圉侯季必

季表傳不同當有誤

以騎都尉漢二年初起櫟陽攻破廢丘因擊項籍屬韓信破齊攻臧荼爲將軍擊韓信侯千五百戶

十二月癸卯封十六年薨

九十

孝文元年貢侯長嗣三年薨

四年𩦃侯瑕嗣三十八年薨

建元三年侯信成嗣二十年元狩五年坐爲太常縱丞相侵神道爲隸臣師古曰刑法志罪人獄已決完爲城旦舂滿三歲爲鬼薪白粲鬼薪一歲爲隸臣隸臣一歲免爲庶人然則男子爲隸臣女子爲隸妾也

元康四年必玄孫長安公士賢之詔復家

襄城哀侯韓嬰

以同故相國韓王信太子侯二千戶韓王信太子之子

六月丙[illegible]年薨

侯[illegible]年侯釋之嗣三十一年元朔四年坐詐疾不從耐爲鬼薪

魏

鹵嚴侯張平

以中尉前元年從起單父不入關以擊籍縣布盧綰得南陽侯二千七百戶

十二月封十二年薨

四十八

高后五年侯勝嗣七年孝文四年有罪爲隸臣

元康四年平玄孫之子長安公士常詔復家

曾孫

玄孫

右高祖百四十七人周呂建成二人在外戚羹頡合陽沛德四人在王子凡百五十三人

乾隆四年校刊

前漢書卷十六

南宮侯張買

以父越人爲高祖騎將從軍以中大夫侯

元年四月丙寅封

侯生嗣孝武初有罪爲隸臣萬戶

六千六百

北海

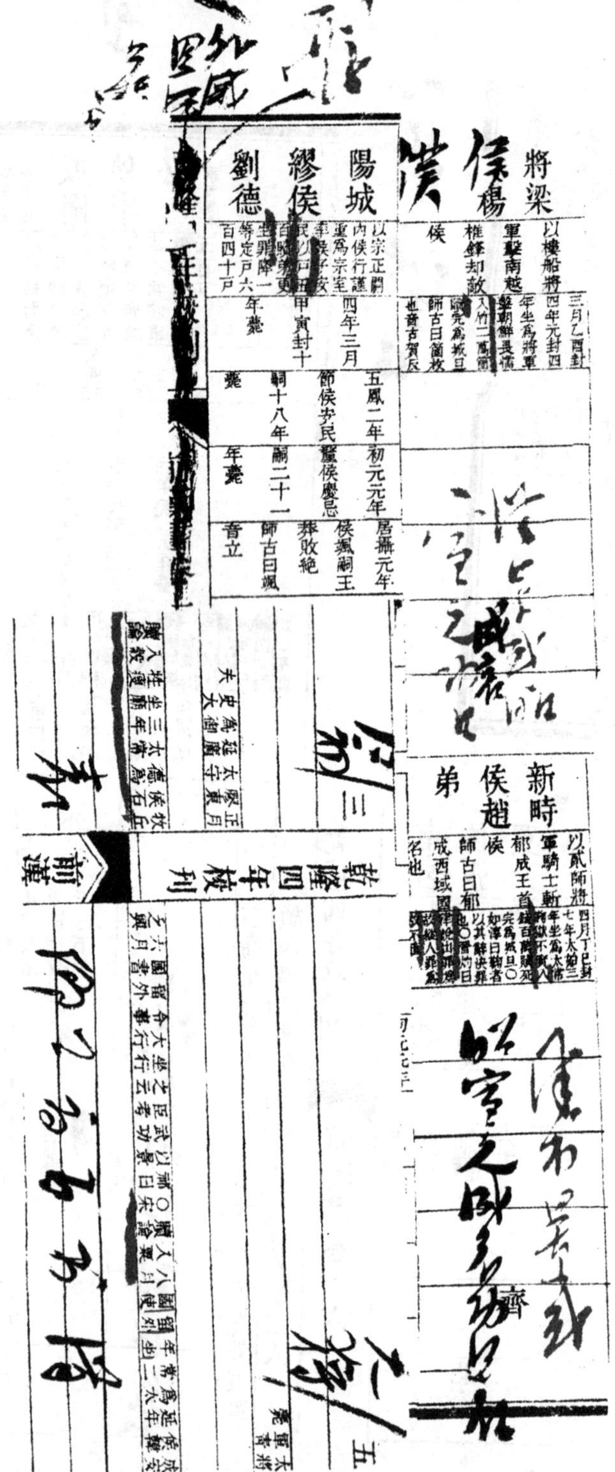

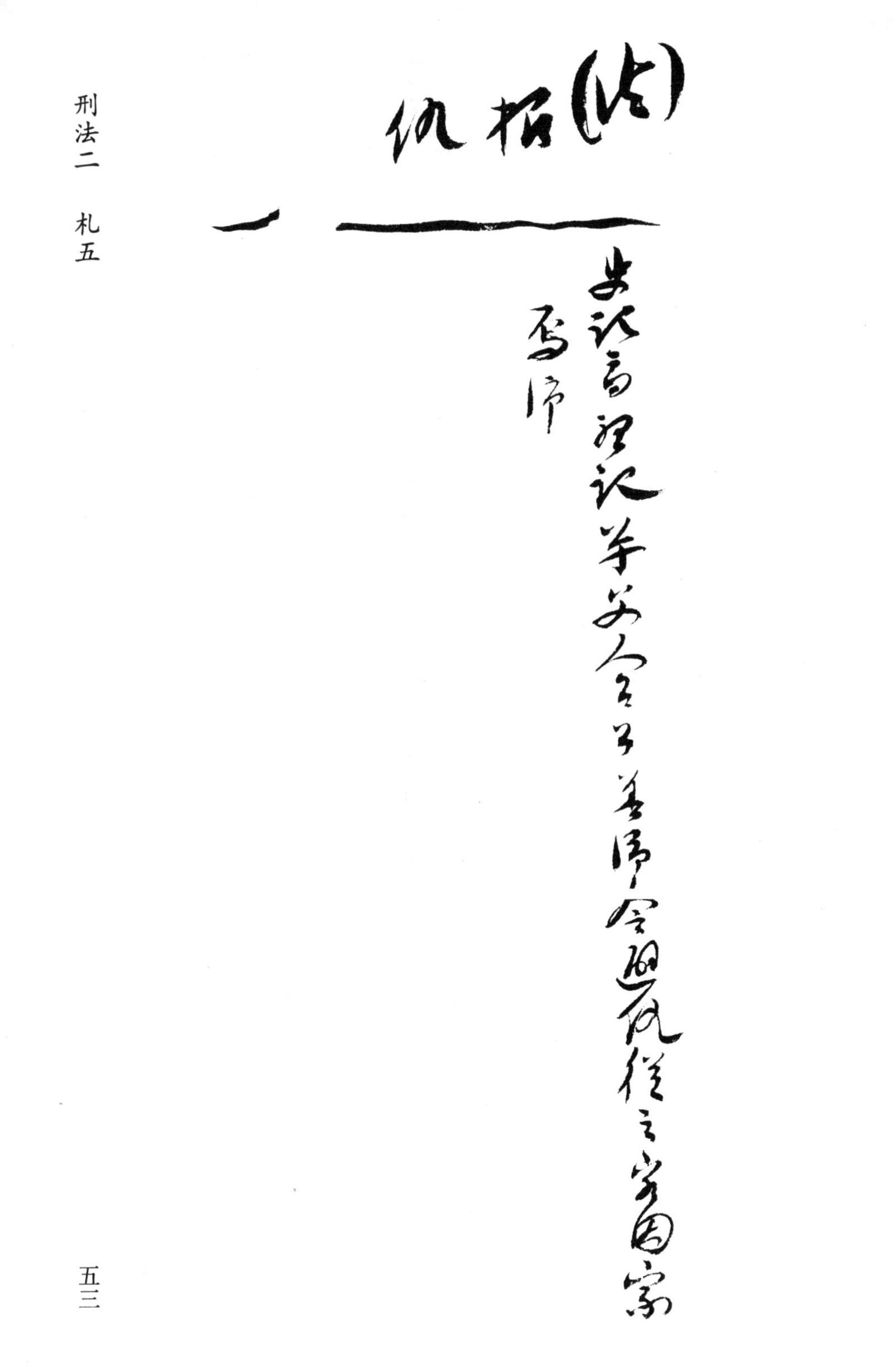

報仇

十九年王翦羌瘣（正義）瘣，胡罪反 盡定取趙地東陽得趙王（正義）趙王遷也（正義）趙幽繆王遷八年秦取趙地至平陽平陽在貝州歷亭縣界遷王於房陵 引兵欲攻燕屯中山

秦王之邯鄲諸嘗與王生趙時母家有仇怨皆阬之秦王還從太原上郡歸始皇帝母太后崩趙公子嘉率其宗數百人

始皇紀

爲大王爲此計者曰鯫生說我曰距關毋內諸侯秦地可盡王也故聽之徐廣曰鯫音士垢反亦名駰案服虔曰鯫淺鯫小人貌也瓚曰楚漢春秋鯫姓也良

曰料大王士卒足以當項王乎沛公默然曰固不如也且爲之柰何張良曰請往謂項伯言沛公不敢背項王也沛公曰

君安與項伯有故張良曰秦時與臣游項伯殺人臣活之今事有急故幸來告良沛公曰孰與君少長良曰長於臣沛公

什伍

史記漢興以來將相名臣年表 高后元年陵[illegible]

[illegible]和[illegible]傳 二年陰謀諸[illegible] [illegible]年陰[illegible]

[illegible][illegible][illegible]傳 十三 陰內列[illegible][illegible]相[illegible][illegible]

[illegible][illegible]

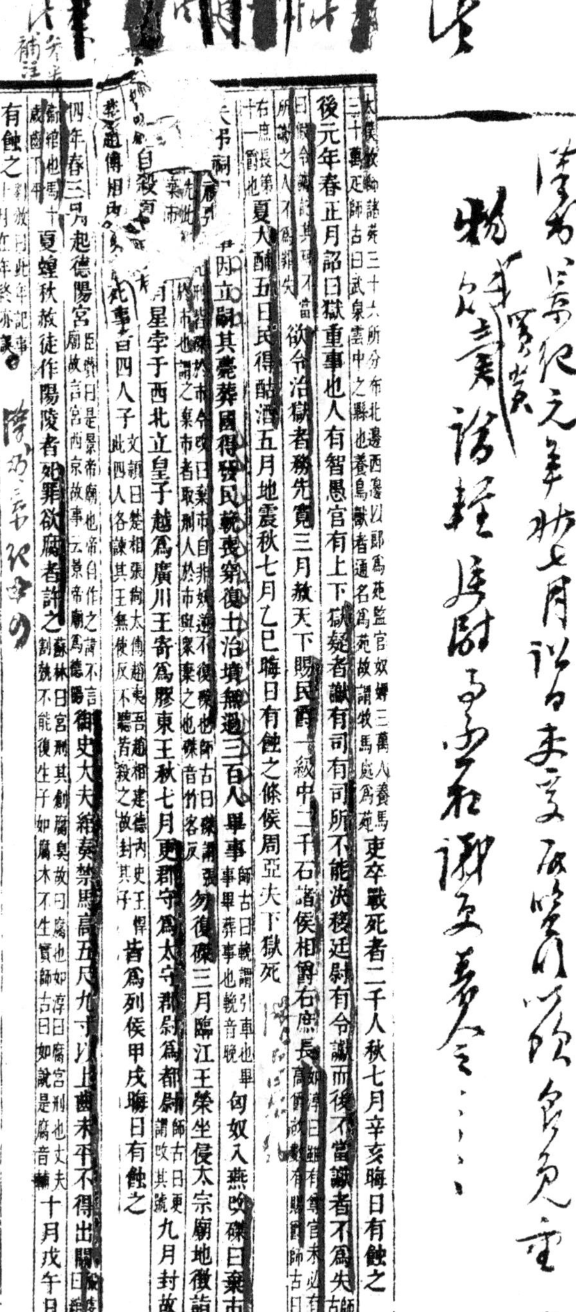

太僕牧師諸苑三十六所分布北邊西邊以郎為苑監官奴婢三萬人養馬二十萬匹師古曰武泉雲中之縣也養鳥獸者通名為苑故謂牧馬處為苑吏卒戰死者二千人秋七月辛亥晦日有蝕之

後元年春正月詔曰獄重事也人有智愚官有上下獄疑者讞有司有司所不能決移廷尉有令讞而後不當讞者不為失師古曰假令讞訖其理不當所讞之人不為罪失欲令治獄者務先寬三月赦天下賜民爵一級中二千石諸侯相爵右庶長如淳曰爵有第官未必有高爵故賜爵師古曰右庶長第十一爵也夏大酺五日民得酤酒五月地震秋七月乙巳晦日有蝕之條侯周亞夫下獄死

……因立嗣其葬國得發民輓喪穿復土治墳無過三百人畢事師古曰輓謂引車也畢事事畢葬事也輓音晚匈奴入燕改磔曰棄市……先此……刑皆磔於市今改曰棄市自非妖逆不復磔也師古曰磔謂張……棄市……於市也謂之棄市者取刑人於市與眾棄之也磔音竹客反勿復磔三月臨江王榮坐侵太宗廟地徵詣……自殺夏四月有星孛于西北立皇子越為廣川王寄為膠東王秋七月更郡守為太守郡尉為都尉師古曰更改其號九月封故楚趙傅相內史前死事者四人子文穎曰楚相張尚太傅趙夷吾趙相建德內史王悍此四人各諫其王無使反不聽皆殺之故封其子皆為列侯甲戌晦日有蝕之

四年春三月起德陽宮臣瓚曰是景帝廟也帝自作之諱不言廟故言宮西京故事云景帝廟為德陽御史大夫綰奏禁馬高五尺九寸以上齒未平不得出關……衛綰也馬十歲齒下平夏蝗秋赦徒作陽陵者死罪欲腐者許之蘇林曰宮刑其創腐臭故曰腐也如淳曰腐宮刑也丈夫割勢不能復生子如腐木不生實師古曰如說是腐音輔十月戊午日有蝕之劉攽曰此年記事十月在年終亦誤

五年夏立皇子舜爲常山王六月赦天下賜民爵一級秋八月已酉未央宮東闕災更名諸侯丞相爲相師古曰亦所以抑黜之令異於漢朝

乾隆四年校刊　前漢書卷五　帝紀　十九

月詔曰法令度量所以禁暴止邪也獄人之大命死者不可復生吏或不奉法令以貨賂爲市朋黨比周師古曰比音頻寐反以苛爲察以刻爲明令亡罪者失職朕甚憐之師古曰職常也失其常理也有罪者不伏罪姦法爲暴甚亡謂也諸獄疑若雖文致於法而於人心不厭者輒讞之師古曰厭服也音一豔反讞平議也音魚列反

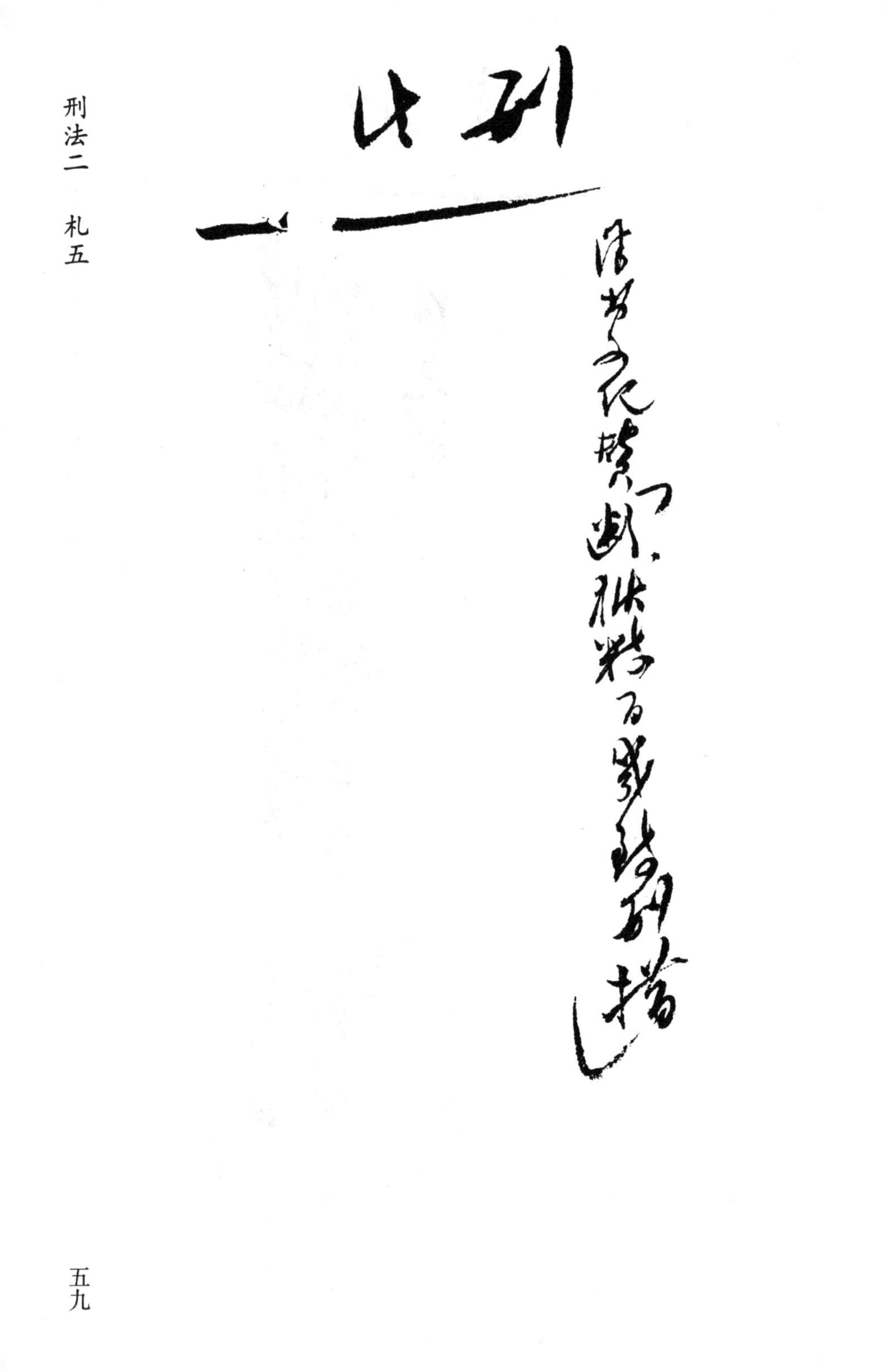

完刑

漢書惠帝紀元年詔[illegible]

[illegible]

耐之刑

十二月，上曰：「法者，治之正也，所以禁暴而率善人也。今犯法已論，而使毋罪之父母妻子同産坐之，及爲收帑，朕甚不取。其議之。」有司皆曰：「民不能自治，故爲法以禁之。相坐坐收，所以累其心，使重犯法，所從來遠矣。如故便。」上曰：「朕聞法正則民慤，罪當則民從。且夫牧民而導之善者，吏也。其既不能導，又以不正之法罪之，是反害於民爲暴者也。何以禁之？朕未見其便，其孰計之。」有司皆曰：「陛下加大惠，德甚盛，非臣等所及也。請奉詔書，除收帑諸相坐律令。」【集解】應劭曰：「帑，子也。秦法，一人有罪，并坐其家室。今除此律。」

齊劇郡立朱虛侯爲城陽王，立東牟侯爲濟北王，皇子武爲代王，子參爲太原王，子揖爲梁王。上曰：「古之治天下，朝有進善之旌，【集解】應劭曰：「旌，旛也。堯設之五達之道，令民進善也。」如淳曰：「欲有進善者，立於旌下言之。」誹謗之木，【集解】服虔曰：「堯作之，橋梁交午柱頭。」應劭曰：「橋梁邊板，所以書政治之愆失也。至秦去之，今乃復施也。」【索隱】按：尸子云：「堯立誹謗之木。」誹音非，亦音沸。韋昭云：「慮政有闕失，使書於木，此堯時然也，後代因以爲飾，今宮外橋梁頭四柱木是。」鄭玄注禮云：「一縱一横爲午。」謂以木貫表柱四出，即今之華表。崔浩以爲木貫柱四出名「桓」，陳楚俗「桓」聲近「和」，又云「和表」，則「華」與「和」又相訛耳。所以通治道而來諫者。今法有誹謗妖言之罪，是使衆臣不敢盡情，而上無由聞過失也。將何以來遠方之賢良？其除之。民或祝詛上以相約結而後相謾，【集解】駰案：漢書音義曰：「民相結共祝詛上也。謾音面，後謾而止之，不舉祝詛。」【索隱】韋昭云：「謾，相抵讕也。」説文云：「謾，欺也。」謂初相約共行祝，後相欺誑，中吏以爲大逆，其有他言，而吏又以爲誹謗。此細民之愚無知抵死，朕甚不取。自今以來，有犯此者勿聽治。

五月齊太倉令淳于公有罪當刑〔索隱〕名意爲齊太倉令故謂太倉公也詔獄逮徙繫長安太倉公無男

有女五人太倉公將行會逮罵其女曰生子不生男有緩急非有益也其少女緹縈〔索隱〕緹音啼鄒氏音體也自傷泣乃隨其父至長安上書曰妾父爲吏齊中皆稱其廉平今坐法當刑妾傷夫死者不可復生刑者不可復屬雖復欲改過自新其道無由也妾願沒入爲官婢贖父刑罪使得自新書奏天子天子憐悲其意乃下詔曰蓋聞有虞帝之時畫衣冠異章服以爲僇〔正義〕晉書刑法志云三皇設言而民不違五帝畫衣冠而民知禁犯黥者皁其巾犯劓者丹其服犯臏者墨其體犯宮者雜其屨大辟之罪殊刑之極布其衣裾而無領緣投之於市與衆棄之而民不犯何則至治也今法有肉刑三〔集解〕李奇曰約法三章無肉刑文帝則有肉刑孟康曰黥劓二刖左右趾合一凡三也〔索隱〕韋昭云斷趾黥劓之屬崔浩漢律序云文帝除肉刑而宮不易張斐注云以淫亂人族序故不易之也而姦不止其咎安在非乃朕德薄而教不明歟吾甚自愧故夫馴道不純而愚民陷焉詩曰愷悌君子民之父母今人有過教未施而刑加焉或欲改行爲善而道無由也朕甚憐之夫刑至斷支體刻肌膚終身不息何其楚痛而不德也豈稱爲民父母之意哉其除肉刑上曰農天下之本務莫大焉今勤身從事而有租稅之賦是爲本末者無以異其於勸農之道未備其除田之租稅〔集解〕李奇曰本農也末賈也言農與賈俱出租無異也故除田租

罪人不帑〔集解〕蘇林曰刑不及妻子不誅無罪除肉刑出美人重絕人之世朕既不敏不能識此皆上古之所不及而孝文皇帝親行之德厚侔天地〔集解〕李奇曰侔齊等利澤施四海靡不獲福焉明象乎日月而廟樂不稱朕甚懼焉其爲孝文皇帝廟爲昭德之舞〔集解〕文穎曰景帝采高祖武德舞作昭德舞舞之於文帝廟見禮樂志以明休德然後祖宗之功德著於竹帛施於萬世永永無窮朕甚嘉之其與丞相列侯中二千石禮官具爲禮儀奏丞相

[illegible]酎奏文[illegible]行之舞孝文皇帝臨天下通關梁不異遠方張晏曰孝文十二年除關不用傳令遠近若一除誹謗去肉刑賞賜長老收恤孤獨以遂羣生師古曰遂成也減耆欲不受獻師古曰耆讀曰嗜罪人不帑蘇林曰刑不及妻子師古曰帑讀與孥同不誅亡罪不私其利也除宮刑出美人重絕人之世也朕既不敏不能勝識師古曰敏材智速也勝識盡知之此皆上世之所不及而孝文皇帝親行之師古曰上世謂古昔之帝王也德厚侔天地利澤施四海師古曰侔等也音牟靡不獲福明象乎日月而廟樂不稱朕甚懼焉師古曰稱副也音尺孕反其爲孝文皇帝廟爲昭德之舞師古曰昭明也以明休德師古曰休美也然後祖宗之功德施于萬世永永無窮朕甚嘉之其與丞相列侯中二千石禮官具禮儀奏丞相臣嘉等奏曰師古曰申屠嘉陛下永思孝道立昭德之舞以明孝文皇帝之盛德皆臣嘉等愚所不及臣謹議世功莫大於高皇帝德莫盛於孝文皇帝高皇帝廟宜爲帝

此

此摩行事
照記局文已送諮一俟查今年比照從容之比摩
從寬

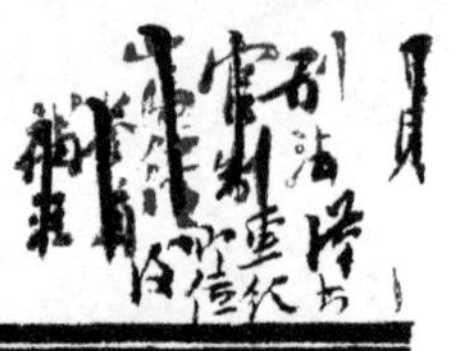

如淳曰秦作阿房之宮收太半之賦遂行示此乃復十五而税一師古曰鄧說是也復音房目反○宋祁曰注文今復之也當作今復復之也爵五大夫吏六百石以上及宦皇帝而知名者有罪當盗械者皆頌繫[illegible]曰宦皇帝[illegible]別仕諸王國也張晏曰特諸侯治民新承六國之後咸慕鄉邑或貪逸豫樂仕諸侯今特[illegible]優[illegible]法也如淳曰知名謂宦人教帝書學亦可表異者也盗者逃也恐其逃亡故著械也頌者容也言見寬容但處曹吏舍不入狴牢也師古曰諸家之說皆非也宦皇帝而知名者謂雖非五大夫爵六百石吏而早事惠帝特為所知故亦優之所以云及耳非謂凡在京師異於諸王國亦不必在於宦人教書學也左官之律起自武帝此時未有禮記曰宦學事師謂凡仕宦非閹寺也盗械者凡以罪著械皆得稱焉不必逃亡也據山海經貳負之臣相柳之尸皆云盗械其義是也古者頌與容同五大夫第九爵也上造以上及內外公孫耳孫有罪當刑及當為城旦舂者皆耐為鬼薪白粲應劭曰上造爵滿十六者也內外公孫謂王侯內外孫也耳孫者玄孫之子也言去其曾高益遠但耳聞之也今以上造有功勞內外孫有骨血屬縺施德布惠故事從其輕也城旦者旦起行治城舂者婦人不豫外徭但舂作米皆四歲刑也今皆就鬼薪白粲取薪給宗廟為鬼薪坐擇米使正白為白粲皆三歲刑也李斐曰耳孫曾孫也張晏曰公孫宗室侯王之孫也晉灼曰耳孫玄孫之曾孫也諸侯王表在八世師古曰上造第二爵名也內外公孫國家宗室及外戚之孫也耳孫諸說不同據平紀及諸侯王表說梁孝王玄孫之子耳孫耳音仍又匈奴傳說握衍朐鞮單于云烏維單于耳孫以此參之李云曾孫是也然漢書諸處又皆云曾孫非一不應雜兩稱而言據爾雅曾孫之子為玄孫玄孫之子為來孫來孫之子為昆孫昆孫之子為仍孫從己而數是為八葉則與晉說相同仍耳聲相近蓋一號也但班氏唯存古名而計其葉數則錯也縺音連民年七十以上若不滿十歲有罪當刑者皆完之孟康曰不加肉刑髡鬄也師古曰若預及之言也謂七十以上及不滿十歲以下皆完之也鬄音他計反

刑中

漢書惠帝紀元年民有罪得買爵三十級以免死罪　應劭曰一級直錢二千凡為六萬若今贖罪入三十疋縑矣

刑法

漢書惠紀四年三月、、、省法令妨吏民者除挾書律

齊名紀元[illegible]書[illegible]詔[illegible]學禁[illegible]星[illegible][illegible][illegible][illegible]三族

自[illegible]妖言令讖緯之[illegible]為[illegible]令除之

十一月召諸縣豪桀曰父老苦秦苛法久矣師古曰苛細也音何誹謗者族耦語者棄市應劭曰秦禁民聚語耦對也師古曰族謂誅及其族也棄市者取刑人於市與衆棄之吾與諸侯約先入關者王之吾當王關中與父老約法三章耳殺人者死傷人及盜抵罪服虔曰隨輕重制法也李奇曰傷人有曲直盜臧有多少罪名不可豫定故凡言抵罪未知抵何罪也師古曰抵至也當也服李二說意並得之自外諸家皆曉解釋故不取也抵音丁禮反餘悉除去秦法吏民皆按堵如故應劭曰按次第堵牆堵也師古曰言不遷動也堵音覩凡吾所以來爲父兄除害非有所侵暴毋恐且吾所以軍霸上待諸侯至而定要束耳師古曰要亦約乃使人與秦吏行縣鄉邑告諭之師古曰遣人與秦吏相隨徧至諸縣鄉邑而告諭也秦民大喜爭持牛羊酒食獻享軍士沛公讓不受曰倉粟多不欲費民民又益喜唯恐沛公不爲秦王或說沛公曰秦富十倍天下地形彊今聞章邯降項羽羽號曰雍王王關中

廿律

史記秦本紀文公二十年法初有三族之罪　集解張晏曰父母兄弟妻子也如淳曰父族母族妻族也

武公三年誅三父等而夷三族

律[illegible]

去諸項氏枝屬漢王皆不誅乃封項伯爲射陽侯（集解）徐廣曰項伯名纏字伯（索隱）射音亦按地理志射陽在臨淮（正義）括地志云楚州山陽本漢射陽縣地在射水之陽故曰射陽　桃侯（集解）徐廣曰名襄其子舍爲丞相（索隱）姓劉氏（正義）括地志云故城在滑州胙城縣東四十里漢書表云十二年封劉襄爲桃侯也　平皋侯（集解）徐廣曰名佗（索隱）地理志平皋縣屬河內（正義）括地志云平皋故城在懷州武德縣東二十里漢平皋縣按佗音徒何反　玄武侯（集解）徐廣曰諸侯表中不見　皆項氏賜姓劉氏

項羽紀

然秦前無賜姓，賜姓事以爲後例也

族律

滅其宗

於皇紀嫪毐之亂，及毐黨衛尉竭、內史肆、佐弋竭、中大夫令齊等二十人皆梟首，車裂以徇，滅其宗。

律比

律稱為紀六年十二月一謂為天下改為家業以物其封信稱新來

絲安閣其易身在軍九年我未聞於今我以其物我收大休

死刑多甚憐之其嚴天下

恕案本不全知以其嚴謹照舊也雖此例九年也

紹

紀東之一初順民之作三年之例天下改定命萬付

北下佳人之……

律令

以重論之

隋書高祖紀五年五月詔：其令諸史等若通商者籍

長吏且廉兩臣不能通者重論之

赦爲合陽侯辛卯立子如意爲代王春令郎中有罪耐以上請之應劭曰輕罪不至于髡完其耏鬢故曰耏古耐字從彡髮膚之意也杜林以爲法度之字皆從寸後改如是言耐罪已上皆當先請也耐音若能如淳曰耐猶任也任其事也師古曰依應氏之說耏當音而如氏之解則音乃代反其義亦兩通耏謂頰旁毛也彡毛髮貌也音所廉反又先廉反而功臣侯表宣曲侯通耏爲鬼薪則應氏之說斯爲長矣○宋祁曰師古曰依應氏之說叙云彡毛髮貌余以顏氏之說似不審應意反誤引說文不了其義更有兩通之語且今說文耏無而音止於乃代一音耳案古者能字皆作耐字亦取堪任其事之意後世以三足之能爲能故今人書能無有作耐字者應云耐音若能之能能耐自然聲近矣本不爲而音也顏云耏謂頰旁毛據說文自謂而字頰毛耳象毛之彡至耏字直釋作不至髡則顏謬意而誤說文明矣民產子復勿事二歲師古曰勿事不役使也二月至長安蕭何治

九年冬十月淮南王梁王趙王楚王朝未央宮置酒前殿上奉玉卮應劭曰飲酒禮器也古以角作受四升古卮字作觗晉灼曰音支師古曰卮飲酒圓器也今尚有之爲太上皇壽師古曰進酒而獻壽也已解於上曰始大人常以臣亡賴應劭曰賴者恃也晉灼曰許慎云賴利也無利入於家也或曰江淮之閒謂小兒多詐狡獪爲亡賴師古曰晉說是也獪音工外反不能治產業不如仲力服虔曰力勤力也今某之業所就孰與仲多師古曰就成也與亦如也殿上羣臣皆稱萬歲大笑爲樂十一月徙齊楚大族昭氏屈氏景氏懷氏田氏五姓關中與利田宅師古曰利謂便好也屈音九勿反十二月行如雒陽貫高等謀逆發覺逮捕高等師古曰逮謂事相連及者皆捕之也一曰在道守禁相屬不絕若今之傳送囚也○劉攽曰予謂逮者其人存直追取之捕者其人亡當討捕也故有或但言逮或但言捕如異物也一云逮易捕加力也逮徒呼名召之捕加束縛矣并捕趙王敖下獄詔敢有隨王罪三族張晏曰父母兄弟妻子也如淳曰父族母族妻族也師古曰如說是也郎中田叔孟舒等十人自髡鉗爲王家奴師古曰鉗以鐵束頸也音其炎反從王就獄王實不知其

繇使屯戍過秦中師古曰異時猶言先時秦中謂關中秦地也秦中吏卒遇之多亡狀師古曰無善形狀也及秦軍降諸侯諸侯吏卒乘勝奴虜使之輕重折辱

秦吏卒本無重字○宋祁曰一吏卒多竊言曰章將軍等詐吾屬降諸侯今能入關破秦大善即不能諸侯虜吾屬而東秦必盡誅吾

父母妻子諸將微聞其計以告羽羽迺召英布蒲將軍計曰秦吏卒尚衆其心不服至關不聽事必危不如擊之獨與章邯

自公孫弘以春秋之義繩臣下取漢相張湯以峻文決理爲廷尉於是見知之法生而廢格沮誹窮治之獄用矣（張晏曰吏見知不舉劾爲故縱官有所作廢格沮敗誹謗則窮治之也如淳曰廢格天子文法使不行也誹謂非上所行若顏異反脣之比也師古曰沮止壞之音材汝反○宋祁曰廢格當改廢閣）其明年淮南衡山江都王謀反迹見（師古曰蹤跡顯見也）而公卿尋端治之竟其黨與坐而死者數萬人吏益慘急而法令察（師古曰慘毒也察微覘也）犯法者衆吏不能盡誅於是遣博士褚大徐偃等分行郡國（師古曰行音下更反）舉并兼之徒守相爲利者（師古曰守郡守相諸侯相）而御史大夫張湯方貴用事減宣杜周等爲中丞（師古曰減姓也音減省之減）義縱尹齊王溫舒等用急刻爲九卿直指夏蘭之屬始出而大農顏異誅矣（蘇林曰夏蘭人姓名）初異爲濟南亭長以廉直稍遷至九卿上與湯既造白鹿皮幣問異異曰今王侯朝賀以蒼璧直數千而其皮薦反四十萬本末不相稱天子不說（師古曰說讀曰悅）湯又與異有隙及人有告異以它議事下湯治異異與客語客語初令下有不便者（李奇曰異與客語道詔令初下有不便處）異不應微反脣（師古曰蓋非之）湯奏當異九卿見令不便不入言而腹誹論死（師古曰當謂處斷其罪）自是後有腹非之法比（師古曰比則例也讀如字又音必寐反）

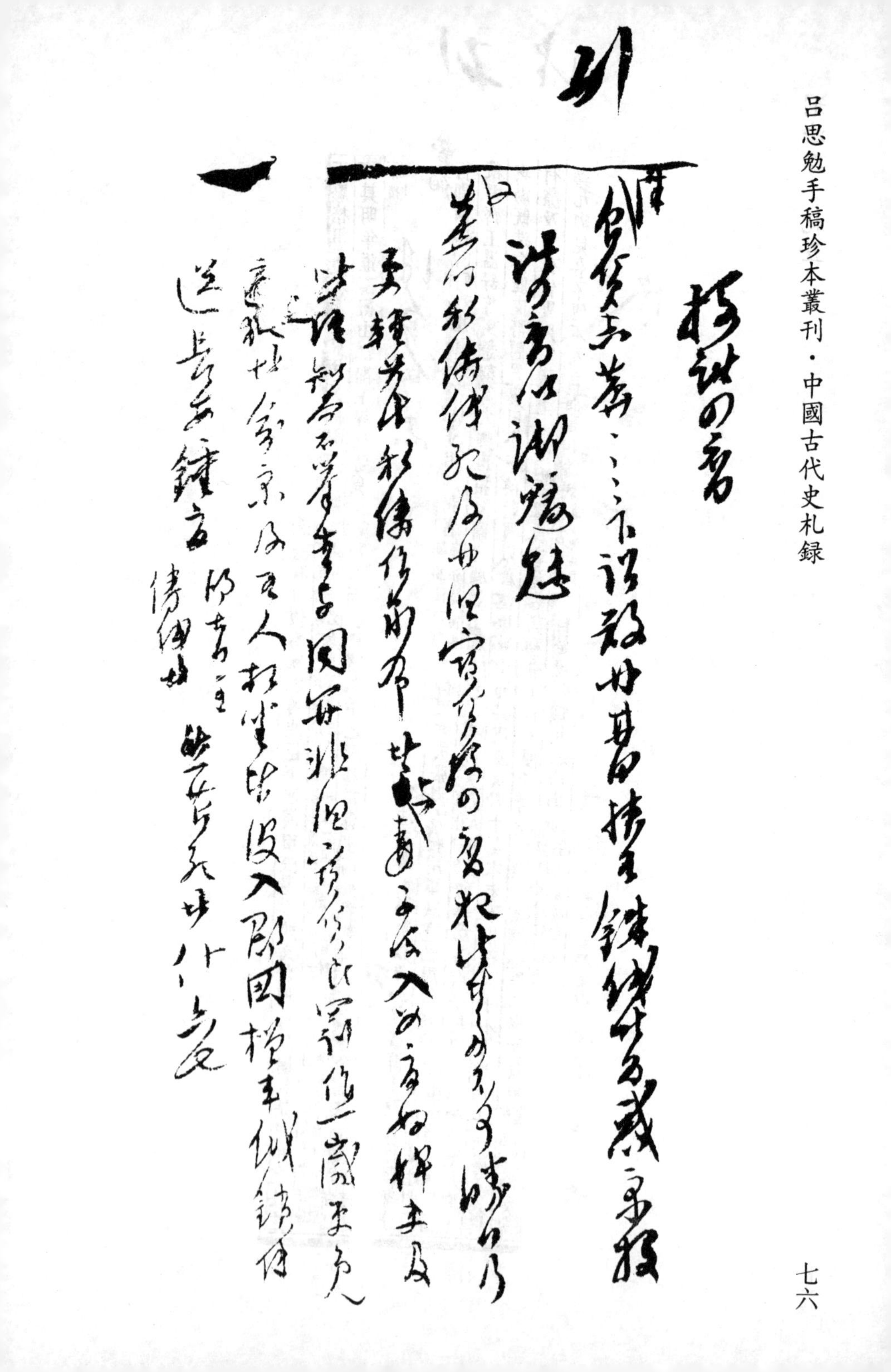

[illegible]

刑

史記卷六考證

秦始皇本紀蒙驁攻韓取十三城○六國年表云取十二城　六年韓魏趙衛楚共擊秦取壽陵○趙世家悼襄王元年龐煖將趙楚魏燕之銳師攻秦蕞不拔徐廣曰蕞在新豐今此云取壽陵所將之師一作衛一作燕亦不同　其君角率其支屬徙居野王○六國年表衛君角以始皇十八[illegible]君十二年不名角　死屯留正義漢屯留吁國也○漢屯疑春秋二字之誤　將軍壁死正義壁邊覓反言成蟜自殺壁壘之內○徐孚遠曰上言成蟜死屯留矣此又言將軍壁死注作壁壘恐非是壁者疑是成蟜副將名壁蟜死壁不歸故又戮其士卒也　臣照按徐孚遠駁正義謂將軍壁死非成蟜自殺於壁壘之內是也顧謂疑是蟜副將名壁則似不應叙在遷其民於臨洮之下或是將軍壁討成蟜而死所將屯留蒲鶮之卒死者皆以反罪罪之而戮其屍耳　攻魏垣蒲陽正義蒲邑故城在隰州縣北四十五里○縣字上疑脫蒲字　乙酉王冠集解徐廣曰年二十二正義按年二

此列

隸臣

漢書高惠高后文功臣表　樊侯勝之坐為衛尉耐為隸臣

刑法

漢書高惠高后文功臣表　鄡侯攜坐使奴殺人減死完

爲城旦

史記惠景間侯者年表

高祖功臣侯　坐殺人之棄市　同漢書

昌武侯單德坐傷人二旬內死棄市

漢書同　表著

補注

漢書高紀：初順民心作三章約，天下既定，命蕭何次律令

功也師古曰刑錯兵寢皆謂置而弗用也昔周之法建三典以刑邦國詰四方師古曰詰責也音口一反字或作誥音工到反誥謹也以刑治之令謹敕也一曰刑新邦用輕典師古曰新邦新闢地立君之國其人未習於教故用輕法二曰刑平邦用中典師古曰平承平守成之國則用中典常行之法也三曰刑亂邦用重典師古曰篡殺畔逆之國化惡難移則用重法誅殺之也自此以上大司寇所職也五刑墨罪五百劓罪五百宮罪五百刖罪五百殺罪五百所謂刑平邦用中典者也師古曰墨黥也鑿其面以墨涅之劓截鼻也宮淫刑也男子割腐婦人幽閉刖斷足也殺死刑也自此以上司刑所職也劓音牛冀反刖音五刮反又音月凡殺人者踣諸市師古曰踣謂斃之也音妨付反墨者使守門師古曰黥面之人不妨禁衛也劓者使守關師古曰以其貌毀故遠之宮者使守內師古曰人道既絕於事便也刖者使守囿師古曰驅御禽獸無足可也完者使守積師古曰完謂不虧其體但居作也積積聚之物也自此以上掌戮所職也其奴男子入于罪隸李奇曰男女徒總名爲奴女子入舂槁孟康曰主暴燥舂之也韋昭曰舂舂人槁槁人也給此二官之役師古曰槁音古老反凡有爵者與七十者與未齔者皆不爲奴師古曰有爵謂命士以上也齔毀齒男子八歲女子七歲而毀齒矣自此以上司厲所職也周道既衰穆王眊荒命甫侯度時作刑以詰四方師古曰穆王昭王之子也享國百年而王眊亂荒忽乃命甫侯爲司寇甫侯度時宜而作刑之制以治四方也甫國名也眊音莫報反度音大各反墨罰之屬千劓罰之屬千髕罰之屬五百宮罰之屬三百大辟之罰其屬二百師古曰髕去膝頭骨大辟死刑也五刑之屬三千師古曰五者之刑凡三千髕音頻忍反蓋多於平邦中典五百章所謂刑亂邦用重典者也春秋之時王道寖壞師古曰寖漸也教化不行子產相鄭而鑄刑書師古曰子產鄭大夫公孫僑也鑄刑法於鼎事在昭六年晉叔嚮非之曰師古曰叔嚮晉大夫羊舌肸也嚮音許兩反昔先王議事以制不爲刑辟李奇曰先議其犯事議定然後乃斷其罪不爲一成之刑著於鼎也師古曰辟法也虞書曰象以典刑流宥五刑周禮則三典五刑以詰邦國非不豫設但弗宜露使人知之懼民之有爭心也猶不可禁禦

是故閑之以誼糾之以政師古曰閑防也糾舉也行之以禮守之以信奉之以仁師古曰奉養也制爲祿位以勸其從師古曰勸其從教之心也嚴斷刑罰以威其淫師古曰淫放也懼其未也故誨之以忠𢿱之以行晉灼曰𢿱古竦字也師古曰𢿱謂獎也又音所項反教之以務師古曰時所急使之以和師古曰悅以使人也臨之以敬莅之以彊師古曰莅謂監視也斷之以剛猶求聖哲之上明察之官忠信之長慈惠之師師古曰上謂公侯也官卿佐也長帥也師謂列職之首也民於是乎可任使也而不生禍亂民之有辟則不忌於上並有爭心以徵於書而徼幸以成之弗可爲矣師古曰辟法也爲治也權移於法故人不畏上因危文以生詐妄徼幸而成巧則弗可治也夏有亂政而作禹刑商有亂政而作湯刑周有亂政而作九刑韋昭曰謂正刑五及流贖鞭扑也三辟之興皆叔世也師古曰叔世言晚時也今吾子相鄭國制參辟鑄刑書孟康曰謂夏殷周亂政所制三辟也將以靖民不亦難乎師古曰靖安也一曰治也詩曰儀式刑文王之德日靖四方師古曰周頌我將之詩也言法象文王之德以爲儀式則四方日以安靖也又曰儀刑文王萬邦作孚師古曰大雅文王詩也孚信也又言法象文王則萬國皆信順也如是何辟之有師古曰若詩所言不宜制刑辟民知爭端矣將棄禮而徵於書師古曰取證於刑書錐刀之末將盡爭之師古曰喻微細亂獄滋豐貨賂並行師古曰滋益也終子之世鄭其敗虖子產報曰若吾子之言僑不材不能及子孫吾以救世也師古曰言雖非長久之法且救當時之敝媮薄之政自是滋矣孔子傷之曰導之以德齊之以禮有恥且格導之以政齊之以刑民免而無恥師古曰論語載孔子之言也格正也言用德禮則人有恥而自正尚政刑則下苟免而無恥禮樂不興則刑罰不中刑罰不中則民無所錯手足師古曰亦論語載孔子之言也禮以治人樂以易俗二者不興則刑罰濫矣錯置也孟氏使陽膚爲士師古曰亦論語所載陽膚曾子弟子也士師獄官問於曾子師古曰問何以居此職也亦曰上失其道民散久矣如得其情則哀矜而勿喜師古曰此曾子答辭言民俗澆離輕犯於法乃由上失其道非下之過今汝雖得獄情當哀矜之勿自喜也○宋祁曰自喜姚本刪自字陵夷至於戰國韓任申子秦用商鞅連相坐之法造參夷之誅師古曰參夷夷三族增加肉刑大辟有鑿顛抽脅鑊亨之刑師古曰鼎大而無足曰鑊以鬻人也至於秦始皇兼吞戰國遂毀先王之法滅禮誼之官專任刑罰躬操文墨師古曰躬身也操執持也音千高反晝斷獄夜理書自程決事日縣石之一服虔曰縣稱也石百二十斤也始皇省讀文書日以百二十斤爲程而姦邪並生赭衣塞路囹圄成市天下愁怨潰而叛之漢興高祖初入關約法三章曰殺人者死傷人及盜抵罪師古曰抵至也蠲削煩苛兆民大說師古曰說讀曰悅其後四夷未附兵革未息三章之法不足以禦姦師古曰禦止也於是相國蕭何攈摭秦法師古曰攈摭謂收拾也攈音九問反摭音之石反取其宜於時者作律九章當孝惠高后時百姓新免毒蠚師古曰蠚音呼各反人欲長幼養老蕭曹爲相填以無爲師古曰言以無爲之法填安百姓也填音竹刃反從民之欲而不擾亂是以衣食滋殖刑罰用稀及孝文即位躬脩玄默勸趣農桑減省租賦而將相皆舊功臣少文多質懲惡亡秦之政論議務在寬厚恥言人之過失化行天下告訐之俗易師古曰訐面相斥罪也音居謁反吏安其官民樂其業畜積歲增戶口寖息師古曰畜讀曰蓄寖益也息生也風流篤厚禁罔疏闊選張釋之爲廷尉罪疑者予民師古曰從輕斷是以刑罰大省至於斷獄四百師古曰謂普天之下重罪者也有刑錯之風即位十三年齊太倉令淳于公有罪當刑防獄逮繫長安師古曰逮及也辭之所及則追捕之故謂之逮一曰逮者在道將送防禦不絕若今之傳送囚也淳于公無男有五女當行會逮罵其女曰生子不生男緩急非有益也○宋祁曰姚本益也刪去其少女緹縈自傷悲泣師古曰緹縈女名也緹音他弟反迺隨其父至長安上書曰妾父爲吏齊中皆稱其廉平今坐法當刑妾傷夫死者

不可復生刑者不可復屬師古曰屬聯也音之欲反雖後欲改過自新其道亡繇也師古曰繇讀與由同由從也妾願沒入爲官婢以贖父刑罪使得自新書奏天子○朱子文曰於文書奏下多天子二字前曰上書非上於天子而何後曰書奏非奏于天子而何若曰書奏天子憐悲其意文字直而美天子憐悲其意遂下令曰制詔御史蓋聞有虞氏之時畫衣冠異章服以爲戮而民弗犯何治之至也今法有肉刑三孟康曰黥劓二刖左右趾合一凡三也○宋祁曰姚本二則劓去則字而姦不止其咎安在非乃朕德之薄而教不明與師古曰與讀曰歟吾甚自愧故夫訓道不純而愚民陷焉師古曰道讀曰導詩曰愷弟君子民之父母師古曰大雅泂酌之詩也愷樂也弟易也言君子有和樂易簡之德則人尊之如父親之如母也今人有過教未施而刑已加焉或欲改行爲善而道亡繇至師古曰繇讀與由同朕甚憐之夫刑至斷支體刻肌膚終身不息師古曰息生也何其刑之痛而不德也豈稱爲民父母之意哉其除肉刑有以易之及令罪人各以輕重不亡逃有年而免師古曰孟康曰其不亡逃者滿其年數得免爲庶人具爲令師古曰使更爲條制丞相張蒼御史大夫馮敬奏言肉刑所以禁姦所由來者久矣陛下下明詔憐萬民之一有過被刑者終身不息及罪人欲改行爲善而道亡繇至於盛德臣等所不及也臣謹議請定律曰諸當完者完爲城旦舂臣瓚曰文帝除肉刑皆有以易之故以完易髡以笞代劓以釱左右止代刑今既曰完矣不復云以完代完也此當言髡者完也○宋祁曰代刑姚本改作代劓當黥者髡鉗爲城旦舂劓者笞三百當斬左止者笞五百當斬右止及殺人先自告及吏坐受賕枉法守縣官財物而即盜之已論命復有笞罪者皆棄市李奇曰命逃亡也復於論命中有罪也晉灼曰命者名也成其罪也師古曰止足也當斬右足者以其辠次重故從棄市也殺人先自告謂殺人而自首得免罪者也吏受賕枉法謂曲公法而受賂者也守縣官財物而即盜之即今律所謂主守自盜者也殺人害重受賕盜物贓汙之身故此三罪已被論名而又犯笞亦皆棄市也今流俗書本笞三百笞五百之上及劓者之下有籍笞字復有笞罪亦云復有籍笞罪皆後人妄加耳舊本無也罪人獄已決完爲城旦舂滿三歲爲鬼薪白粲鬼薪白粲一歲爲隸臣妾隸臣妾一歲免爲庶人師古曰男子爲隸臣女子爲隸妾鬼薪白粲滿三歲爲隸臣隸臣一歲免爲庶人隸妾亦然也隸臣妾滿二歲爲司寇司寇一歲及作如司寇二歲皆免爲庶人如淳曰罪降爲司寇故一歲正司寇故二歲也其亡逃及有罪耐以上不用此令師古曰於本罪中又重犯者也○宋祁曰罪耐姚本作耐罪前令之刑城旦舂歲而非禁錮者如完爲城旦舂歲數以免李奇曰謂文帝作此令之前有刑者○宋祁曰如完姚本删如字臣昧死請制曰可是後外有輕刑之名內實殺人斬右止者又當死斬左止者笞五百當劓者笞三百率多死師古曰斬右止者棄市故入於死以笞五百代斬左止笞三百代劓笞數既多亦不活也○宋祁曰姚本改入於作入名景帝元年下詔曰加笞與重罪無異孟康曰重罪謂死刑幸而不死不可爲人師古曰謂不能自起居也其定律笞五百曰三百笞三百曰二百猶尚不全至中六年又下詔曰加笞者或至死而笞未畢朕甚憐之其減笞三百曰二百笞二百曰一百又曰笞者所以教之也其定箠令師古曰箠策也所以擊者也音止蘂反丞相劉舍御史大夫衞綰請笞者箠長五尺其本大一寸其竹也末薄半寸皆平其節當笞者笞臀如淳曰然則先時笞背也師古曰臀音徒門反毋得更人師古曰謂行笞者不更易人也畢一罪乃更人自是笞者得全然酷吏猶以爲威死刑既重而生刑又輕民易犯之及至孝武即位外事四夷之功內盛耳目之好徵發煩數百姓貧耗師古曰耗損也音呼到反窮民犯法酷吏擊斷姦軌不勝於是招進張湯趙禹之屬條定法令作見知故縱監臨部主之法師古曰見知人犯法不舉告爲故縱而所監臨部主有罪并連坐也緩深故之罪孟康曰孝武欲急刑吏深害及故入人罪者皆寬緩急縱出之誅師古曰吏釋罪人疑以爲縱出則急誅之亦言尚酷其後姦猾巧法轉相比況禁罔寖密師

曰寖漸也其下亦同律令凡三百五十九章，大辟四百九條，千八百八十二事，死罪決事比萬三千四百七十二事。師古曰比以例相比況也文書
盈於几閣，典者不能徧睹。是以郡國承用者駮，師古曰不曉其指用意不同也或罪同而論異。姦吏因緣爲市，師古曰弄法而受財若市買之交易所欲活則
傅生議，所欲陷則予死比，師古曰傅讀曰附議者咸冤傷之。宣帝自在閭閻而知其若此。及即尊位，廷史路溫舒上疏，言秦有十失，其
一尚存，治獄之吏是也。語在溫舒傳。上深愍焉，迺下詔曰：「間者吏用法，巧文寖深，是朕之不德也。夫決獄不當，使有罪興邪，不
辜蒙戮，晉灼曰當重而輕使有罪者起邪惡之心也師古曰有罪者更興邪惡無辜者反陷重刑是決獄不平故父子悲恨，朕甚傷之。今遣廷史與郡鞫獄，任輕祿薄，如淳曰廷史廷尉史也以
囚辭決獄事爲鞫謂疑獄也李奇曰鞫窮也獄事窮竟也師古曰李說是也其爲置廷平，秩六百石，員四人。其務平之，以稱朕意。」於是選于定國爲廷尉，求明察寬
恕黃霸等以爲廷平，季秋後請讞。時上常幸宣室，齋居而決事，如淳曰宣室布政教之室也重用刑故齋戒以決事晉灼曰未央宮中有宣室殿師古曰賈誼傳亦云受釐坐宣室蓋其殿在
前殿之側也齋則居之獄刑號爲平矣。時涿郡太守鄭昌上疏言：「聖王置諫爭之臣者，非以崇德，防逸豫之生也；立法明刑者，非以爲治，
救衰亂之起也。今明主躬垂明聽，雖不置廷平，獄將自正；若開後嗣，不若刪定律令。師古曰刪刊也有不便者則刊而除之律令一定，愚民知所
避，姦吏無所弄矣。今不正其本，而置廷平以理其末也，政衰聽怠，則廷平將招權而爲亂首矣。」蘇林曰招音翹舉也猶賣弄也孟康曰招求也招致權著已
也師古曰孟說是也宣帝未及修正。至元帝初立，迺下詔曰：「夫法令者，所以抑暴扶弱，欲其難犯而易避也。今律令煩多而不約，自典文
者不能分明，而欲羅元元之不逮，師古曰羅網也不逮言意識所不及斯豈刑中之意哉！師古曰中當也其議律令可蠲除輕減者，條奏，唯在便安萬姓
而已。」至成帝河平中，復下詔曰：「甫刑云『五刑之屬三千，大辟之罰其屬二百』，師古曰甫刑即周書呂刑初爲呂侯號曰呂刑後爲甫侯又稱甫刑今大辟之刑千
有餘條，律令煩多，百有餘萬言，奇請它比，日以益滋，師古曰奇請謂常文之外主者別有所請以定罪也它比謂引它類以比附之稍增律條也奇音居宜反自明習者不知所
由，師古曰由從也欲以曉喻衆庶，不亦難乎！於以羅元元之民，夭絕亡辜，豈不哀哉！其與中二千石、二千石、博士及明習律令者議減死
刑及可蠲除約省者，令較然易知，條奏。書不云乎？『惟刑之恤哉！』師古曰虞書舜典之辭恤憂也言當憂刑也其審核之，務準古法，師古曰核究其實也朕將盡
心覽焉。」有司無仲山父將明之材，師古曰有司以下史家之言也大雅烝民之詩曰肅肅王命仲山父將之邦國若否仲山父明之將行也否不善也言王有誥命則仲山父行之邦國有不善之事則
仲山父明之故引之爲美傷世所不能然也不能因時廣宣主恩，建立明制，爲一代之法，而徒鉤摭微細，毛舉數事，以塞詔而已。師古曰毛舉言舉毫毛之事輕小之甚塞猶當也是
以大議不立，遂以至今。議者或曰，法難數變，此庸人不達，疑塞治道，聖智之所常患者也。師古曰塞謂不通也故略舉漢興以來，法令稍
定而合古便今者。漢興之初，雖有約法三章，網漏吞舟之魚，師古曰言疏闊吞舟謂大魚也然其大辟，尚有夷三族之令。令曰：「當三族者，皆先
黥，劓，斬左右止，笞殺之，梟其首，菹其骨肉於市。師古曰菹謂醢也菹音側於反其誹謗詈詛者，又先斷舌。」故謂之具五刑。彭越、韓信之屬皆受
此誅。至高后元年，乃除三族罪、祅言令。孝文二年，又詔丞相、太尉、御史：「法者，治之正，所以禁暴而衛善人也。今犯法者已論，而
使無罪之父母妻子同產坐之，及收，朕甚弗取。其議。」左右丞相周勃、陳平奏言：「父母妻子同產相坐及收，所以累其心，使重犯

法也師古曰重難也累音力瑞反收之之道所由來久矣臣之愚計以為如其故便文帝復曰朕聞之法正則民慤罪當則民從師古曰慤謹也音口角反且夫牧民而道之以善者吏也師古曰道讀曰導導以善導之也既不能道又以不正之法罪之是法反害於民為暴者也師古曰法害於人是法為暴朕未見其便宜孰計之平勃乃曰陛下幸加大惠於天下使有罪不收無罪不相坐甚盛德臣等所不及也臣等謹奉詔盡除收律相坐[illegible]新垣平謀為逆復行三族之誅由是言之風俗移易人性相近而習相遠信矣師古曰論語云孔子曰性相近也習相遠也言人[illegible]所稟五[illegible]其所取舍本相近也[illegible]所習各[illegible]漬而移則相遠也夫以孝文之仁平勃之知猶有過刑謬論如此甚也而況庸材溺於末流者乎周官有五聽八議[illegible]三宥三赦之法師古曰刺殺也訊而有罪則殺之也宥寬也赦舍也謂釋置也五聽一曰辭聽師古曰觀其出言不直則煩二曰色聽師古曰觀其顏色不直則變三曰氣聽師古曰觀其氣息不直則喘四曰耳聽師古曰觀其聆聽不直則惑五曰目聽師古曰觀其瞻視不直則亂八議一曰議親師古曰王之親族也二曰議故師古曰王之故舊也三曰議賢師古曰有德行者也四曰議能師古曰有道藝者五曰議功師古曰有大勳力者六曰議貴師古曰位高者也七曰議勤師古曰謂盡悴事國者也八曰議賓師古曰謂前代之後王所不臣者也自五聽以下至此皆小司寇所職也三刺一曰訊羣臣二曰訊羣吏三曰訊萬民師古曰訊問也音信三宥一曰弗識二曰過失三曰遺忘師古曰弗識不審也過失非意也遺忘忽忘也三赦一曰幼弱二曰老眊三曰惷愚師古曰幼弱謂七歲以下老眊謂八十以上惷愚生而癡騃者自三刺以下至此皆司刺所職也眊讀與耄同惷音丑江反一音貞卷反凡四上罪梏拲而桎中罪梏桎下罪梏王之同族拲有爵者桎以待弊師古曰械在手曰梏兩手同械曰拲在足曰桎弊斷罪也自此以上掌囚所職也梏音古篤反拲音拱字也桎音之日反弊音蔽高皇帝七年制詔御史獄之疑者吏或不敢決有罪者久而不論無罪者久繫不決自今以來縣道官獄疑者各讞所屬二千石官二千石官以其罪名當報之師古曰當謂處斷也所不能決者皆移廷尉廷尉亦當報之廷尉所不能決謹具為奏傳所當比律令以聞師古曰傳讀曰附上恩如此吏猶不能奉宣故孝景中五年復下詔曰諸獄疑雖文致於法而於人心不厭者輒讞之其後獄吏復避微文遂其愚心至後元年又下詔曰獄重事也人有愚智官有上下獄疑者讞有令讞者已報讞而後不當讞者不為失師古曰解董在景紀自此之後獄刑益詳近於五聽三宥之意三年復下詔曰高年老長人所尊敬也鰥寡不屬逮者人所哀憐也師古曰屬音之欲反其著令年八十以上八歲以下及孕者未乳師古曰乳產也音人喻反師朱儒如淳曰師樂師盲瞽者朱儒短人不能走者當鞠繫者頌繫之師古曰頌讀曰容容寬容之不桎梏至孝宣元康四年又下詔曰朕念夫耆老之人髮齒墮落血氣既衰亦無暴逆之心今或罹于文法執于囹圄不得終其年命朕甚憐之自今以來諸年八十非誣告殺傷人它皆勿坐至成帝鴻嘉元年定令年未滿七歲賊鬭殺人及犯殊死者上請廷尉以聞得減死合於三赦幼弱老眊之人此皆法令稍定近古而便民者也師古曰近音其靳反孔子曰如有王者必世而後仁善人為國百年可以勝殘去殺矣師古曰論語載孔子之言也此謂若有受命之王必三十年仁政乃成也勝殘謂勝殘暴之人使不為惡去殺不行殺戮也言聖王承衰撥亂而起被民以德教師古曰被加也音皮義反變而化之必世然後仁道成焉至於善人不入於室然猶百年勝殘去殺矣師古曰論語稱子張問善人之道子曰不踐迹亦不入於室言善人不但修蹤舊迹而已固少自創制然亦不能入聖人之室此為國者之程式也今漢道至盛歷世二百餘載師古曰今謂撰志時考自昭宣元成哀平六世之間斷獄

殊死率歲千餘口而一人 如淳曰率天下犯罪者千口而有一人死 耐罪上至右止三倍有餘 李奇曰耐從司寇以上至右止為千口三人刑 古人有言滿堂而飲酒有一人鄉隅而悲泣 師古曰鄉讀曰嚮 則一堂皆為之不樂王者之於天下譬猶一堂之上也故一人不得其平為之悽愴於心今郡國被刑而死者歲以萬數天下獄二千餘所其冤死者多少相覆獄不減一人此和氣所以未洽者也原獄刑所以蕃若此者 師古曰蕃多也音扶元反 禮教不立刑法不明民多貧窮豪桀務私姦不輒得獄豻不平之所致也 服虔曰鄉亭之獄曰豻臣瓚曰獄岸獄訟也師古曰小雅小宛之詩云宜岸宜獄瓚說是也 書云伯夷降典悊民惟刑 師古曰周書甫刑之辭也悊知也言伯夷下禮法以道人人習知禮然後用刑也 言制禮以止刑猶隄之防溢水也今隄防陵遲禮制未立死刑過制生刑易犯饑寒並至窮斯濫溢豪桀擅私為之囊橐 師古曰有底曰囊無底曰橐言容隱姦邪若囊橐之盛物 姦有所隱則狃而寖廣 師古曰狃串習也寖漸也狃音女救反 此刑之所以蕃也孔子曰古之知法者能省刑本也今之知法者不失有罪末矣 師古曰省謂減除之絕於未然故曰本也不失有罪事止聽訟所以為末 又曰今之聽獄者求所以殺之古之聽獄者求所以生之與其殺不辜寧失有罪今之獄吏上下相驅以刻為明深者獲功名平者多後患諺曰鬻棺者欲歲之疫 師古曰鬻賣也疫癘病也鬻音育疫音役 非憎人欲殺之利在於人死也今治獄吏欲陷害人亦猶此矣凡此五疾獄刑所以尤多者也自建武永平民亦新免兵革之禍人有樂生之慮 ○朱子文曰既云新免兵革之禍當曰人有樂生之意意慮字相去不遠此傳寫之誤也 與高惠之間同而政在抑彊扶弱朝無威福之臣邑無豪桀之俠以口率計斷獄少於成哀之間什八可謂清矣 師古曰十少其八也 然而未能稱意比隆於古者以其疾未盡除而刑本不正善乎孫卿之論刑也曰世俗之為說者以為治古者無肉刑 師古曰治古謂上古至治之時也治音文吏反 有象刑墨黥之屬菲屨赭衣而不純 師古曰菲草屨也純緣也衣不加緣示有恥也菲音扶味反純音之允反 是不然矣以為治古則人莫觸罪邪豈獨無肉刑哉亦不待象刑矣 師古曰人不犯法則象刑無所施也 以為人或觸罪矣而直輕其刑是殺人者不死而傷人者不刑也罪至重而刑至輕民無所畏亂莫大焉凡制刑之本將以禁暴惡且懲其未也 師古曰懲止也 殺人者不死傷人者不刑是惠暴而寬惡也故象刑非生於治古方起於亂今也 如淳曰古無象刑也所有象刑之言者近起今人惡刑之重故遂推言古之聖君但以象刑天下自治 凡爵列官職賞慶刑罰皆以類相從者也一物失稱亂之端也 師古曰稱宜也音尺孕反 德不稱位能不稱官賞不當功刑不當罪不祥莫大焉夫征暴誅悖治之威也殺人者死傷人者刑是百王之所同也未有知其所由來者也故治則刑重亂則刑輕 李奇曰世所以治者乃刑重也所以亂者乃刑輕也 犯治之罪固重犯亂之罪固輕也書云刑罰世重世輕此之謂也 師古曰周書甫刑之辭也言刑罰輕重各隨其時 所謂象刑惟明者言象天道而作刑 師古曰虞書益稷曰咎繇方祗厥敘方施象刑惟明言敬其次敘施其法刑皆明白也 安有菲屨赭衣者哉孫卿之言既然又因俗說而論之曰禹承堯舜之後自以德衰而制肉刑湯武順而行之者以俗薄於唐虞故也今漢承衰周暴秦極敝之流俗已薄於三代而行堯舜之刑是猶以鞿而御駻突 孟康曰以繩縛馬口謂之鞿晉灼曰鞿古羈字也如淳曰駻音捍突惡馬也師古曰馬絡頭曰羈也 違救時之宜矣且除肉刑者本欲以全民也今去髡鉗一等轉而入於大辟以死罔民失本惠矣 師古曰罔謂羅網也 故死者歲以萬數刑重之所致也至乎穿窬之盜忿怒傷人男女淫佚吏為姦臧 師古曰佚讀與逸同 若此之惡髡鉗之罰又不足以懲也故刑者歲十萬數民既不畏又曾不恥刑輕之所生也故俗之能吏公以

殺盜爲威專殺者勝任奉法者不治亂 傷制不可勝條是以罔密而姦不塞刑蕃而民愈嫚[illegible]
仁百年而不勝殘誅以禮樂闕而刑不正也豈宜惟思所以清原正本之論刪定律令籑二百章以應
古當生今觸死者皆可募行肉刑 李奇曰欲死邪欲腐邪 及傷人與盜吏受賕枉法男女淫亂皆復古刑爲三千章詆欺文致微細
蠲除 師古曰詆謂誣也音丁禮反 如此則刑可畏而禁易避吏不專殺法無二門輕重當罪民命得全合刑罰之中殷天人之和 李奇曰殷亦中也 順稽
古之制成時雍之化成康刑錯雖未可致孝文斷獄庶幾可及詩云宜民宜人受祿于天 師古曰大雅假樂之詩也嘉成王之德云 書曰立功立事
可以永年 師古曰今文泰誓之辭也永長也 言爲政而宜於民者功成事立則受天祿而永年命所謂一人有慶萬民賴之者也 師古曰呂刑之辭也一人天子也言天子用刑詳審有福慶之惠則衆庶咸賴之也

刑法

復次當論司法机関中國向來司法与行政机関不分其初審理等級甚簡單入後則愈趨愈複雜此識慎重刑獄之意亦太簡單固不佳而手續太繁亦多遲緩延宕又歷代情形関於司法審訊权限地方官权頗重後則漸削其权於中央此亦一趨勢也刑部掌司法大权始于宋秦漢時太守縣令可判定死刑至宋而大辟死刑必定自刑部矣漢代地方官掌司法大权外京師設廷尉爲沿自秦制嘗改称大理雖权限並不若後世

法律筆記　十六　文

刑部之隆重而其作用則相同也自尚書集权後其分曹中如賊曹等即掌理天下刑獄者嗣後即發達成刑部爲大理一職

後世亦未廢至清末改法以為最高審判机關其出乎正式司法机關以外者漢有詔獄係由詔命指定其机關不完又有官獄即各机關中亦往々設置後世此二事漸消滅一切归刑部綜理丨而大理審京城大事

中國另有机關干預刑獄而足亂司法之系統者一為御史其事起于唐書初御史祗能彈劾过失且皆為風聞言事由人告發者亦往々称風聞其實際有時亦得提取告事者詰問情形然亦止詢查而已唐高宗時乃定制御史得明白受理告發訴控之事後因事實便利乃定御史亦得審訊刑獄更後且之刑史合設二為京城中管理警察事務之武官漢武因巫

蠹事設司隸校尉督大姦猾，嗣後其制乃漸干涉司法事務。明之錦衣衛東西廠，清之步軍統領衙門，皆由此而來。又明有巡城御史，請爲五城御史，則係御史兼京城警務且干涉司法矣。

自有尚書机関後，刑獄事遂集於刑部，宋初官吏僅負虛銜，一切事務另有机関办理，故宋初刑事在審刑院，元豐改定官制，始仍復舊觀。

明清刑事則在三法司：刑部、都察院、大理寺

三法司中刑部綜理天下最繁[illegible]一切案件都察司糾正錯誤

法律筆記　　十七　　文

之責刑部決定之案件尚須归大理寺覆核一次三机関权限
本名分清然寔際則有三法司會審之事此言京內之机関也
在外則初級為廳州縣其上為府再上為按察司在府中覆審
時丨第二級審訊丨若犯人翻供或府中不以初審為然得發
回重審或調集案卷由府中重審而詳呈于按察司々々則与
刑部相銜接此明初之制也又除普通廳州縣外另有直隷廳
州直隷于按察司論其等級本与府相若惟府不直接治民其
隷廳州則直接親民与普通廳州縣同直隷廳州直接按察司
是較普通廳州縣減少一次審訊矣此非事理之平乃以道為

一級衙審直隸廳州縣之案件

明代內外各有審審京內審審人員無定或三法司或廠

閣學士或公侯伯外或合巡按御史及地方官分派員審訊

減刑謂之熱審春日，有春審名目繁多，机關無定，故明時刑

案除前述手續外或內或外總須多經一次審判

清即整理之在京內曰朝審京外曰秋審，為後之審訊

凡田土錢債戶婚等民事案件初審即可決定，不服得上訴

關於命盜等刑事案件則初審祇定擬以下罪，然後詳府或道

府或道僅衙核初審之合否，其权限与廳州縣同，再詳按察司

々々々即擬律一定罪一詳上京內由三法司會同九卿審訊

京外則由督撫合布政司按察司秋審，但實際秋審者在四

次年

月初舉行五月奏府久交大理寺覆核再行奏准則時在八月矣凡經奏准者御筆加勾未經加勾者則寄監以待來年

至上控則各機關均可受理刑事由按察司獨審民事會布政司會審之清之督撫中[illegible]司法初犹以按察司為主而居

法律筆記　十八　元

襄助地位乾隆後竟以主体自居故督撫亦可依一機關受上控事又有京控刑部都察院九門提督處均可投稟初時京控可以駁斥乾隆時則必洵屬問如何審訊均由府審定之事實上書發回本省交督撫審理督撫事恤不必親訊可派員代審務各省之發審局即应此需要而設立者也如此時然以為寬展

尚可叩閽上控之途止此矣此清制也

綜之中國之於刑獄極主慎重惟恐其有冤屈也以此意論固未可非然因此而審級多手續煩訟事為久而難決而下級惟恐遭上級之批駁每多方彌縫失却案情之真权斯則慎重过甚之流弊矣又司法系統不能分明行政官兼理司法一普通案件須經五次審訊此亦中國司法之弊此外警務及矣与司法混為一談亦為弊之甚者如漢之司隸校尉清之步軍

刑

大臣有罪多自殺

陔餘叢考十六

隋代官制

史學研究室資料節

刑

主定父祖之服例

請衡白代蕭前頃

刊

纔四

陔餘叢考 十九 纔四不始唐太宗

邃業樓 此條亦兩見行而不累述耳

又全何史秋全集

十葉可

刑法

隋律第五刑
凡五等刑非肉刑
凡五等第何者遠之
古礼三百威仪三千正刑三百科條三千出礼入刑故
多荀戮
論例十二附刑第

[illegible]

火者

蒙古呼

大清律例刑律雜犯中閹割火者條　凡官民之家不得乞養他人之子閹割火者違者杖一百流三千里其子給親　輯注舊有閹割閹男等係豪戶之富家有乞養他人之子閹割驅使名曰火者云云

魏書古弼傳[illegible]

刑法

獄官曰尉氏

漢志陳留郡尉氏，應劭曰：古獄官曰尉氏，鄭之別獄也。臣瓚曰：鄭大夫尉氏之邑，故遂以為邑名。

為邑，以古獄官尉氏之舊獄，故以為族，應說是也。

刊一

資料大全之補遺

劄記叁三大撥

讀律餘談(二)

老圃

明崇禎十二年定例。喫旱烟水烟者處死刑。林則徐時禁鴉片吸食者亦處死刑。今刑律吸食鴉片烟者最重刑不過監禁一年。或一千元罰金。其罰不可謂重。然受罰者。怨聲載道。蓋由法廷之處刑。無一定。輕至極端。或罰一元。重至極端。或禁一年。故上等社會犯此罪者。欲避監禁。往往受額外之需索。而其結果則不肖官吏。每借此法律。爲敲索富人之武器。此至不平也。欲救此弊。莫如定一成不變之法。

舊律處刑。或曰杖一百。或曰杖八十。其數一成不變。適用之時。每多不便。然吸食鴉片之罪。刑不妨用舊法例。如吸食鴉片烟者。罰金三十元。無資力者。以一元折算一日。易以監禁。則犯者一律平等處罰。者。不能上下其手。猶上海租界小便者。每次罰銀三角。隨時繳銀即可釋放。其無力繳納者。則罰立於廁旁一小時。與此正一例也。

讀律餘談（三）

老圃

歐西如瑞士諸國。凡債權放棄至十年之久而不行使者。其權即消滅。此民法家所謂消滅時效也。東方人見此法。或以爲奇。然日本人已採用矣。大抵歐西人行使權利。較東方人爲急進。東方人每失於遲緩。故時效之法不行。或言印度希臘古法皆有時效。吾不能知其詳。今日歐洲各國之時效法。皆根於羅馬。其法各國不同。最長期時效。如羅馬諸法。或長至四十年。三十年。最短期時效。如律師。教師之債權。或短至二年。僕役。工人之債權。或短至一年。過此者。債權消滅。不能行使。吾國民法。尙未制定。但考之古書。亦未嘗無時效之法。周禮質人大市以質。小市以劑。治質劑者。國中一旬。郊二旬。野三旬。都三月。邦國朞。期內聽。期外不聽。注云。大市。人民牛馬之屬。用長劵。小市。兵器珍異之物。用短劵。齎契來訟者。以期內來則治之。後期則不治。所以絕民之好訟。且息文書也。王安石周官新義。謂質劑之治。宜以時決。久而後辨。則證逮或已死。

亡其事易以生僞故期外不聽亦所以省煩擾王安石之學說誠不足取然此說不誤又周禮朝士凡士之治有期日國中一旬郊二旬野三旬都三旬邦國朞期內之治聽期外不聽此朝士所掌乃刑事上之時效即今日新刑律第六十九條所謂公訴權之時效逾期不起訴者起訴權消滅

讀律餘談(四)

老圃

吾國法令中關於民事上之時效規定幾如鳳毛麟角前清奏定奉天田房稅契章程載典當之契概以二十年爲限逾期不贖即作絕賣此二十年之期即時效也大清律例典買田宅門自乾隆十八年定例以前典賣契載不明之產如在三十年以內契無絕賣字樣者聽其照例分別找贖若遠在三十年以外契內雖無絶賣字樣但未註明回贖者即以絶產論概不許找贖此三十年之期亦時效也大理院判例奉天章程之時效僅適用於該省區域以內而大清律例之時效則因現行律已經删去不能援用其實二十年時效與三十年時效皆根據古來相傳之法亦非清人所定刑統載「一應田土屋舍有連接交加者當時不曾論理何候家長及見證亡歿子孫幼弱之際便將難明契書擾亂別縣空煩刑獄證驗終難者請准唐長慶二年八月十五日敕經二十年以上不論即不在論理之限有故留滯在外者即與出除在外之年

」此亦以二十年爲時效也又刑統載「建隆三年十二月五日敕節文今後應典及倚當莊宅物業與人限外雖經年深元契見在契頭雖已亡沒其有親的子孫及有分骨肉證驗顯然者不限年歲並許收贖如是典當限外三十年後並無文契及雖執文契難辯眞虛者不在論理收贖之限見佃主一任典賣」此亦以三十年爲時效也

讀律餘談(八)

老圃

律師出於名家春秋時有鄧析即律師之祖呂氏春秋載子產治鄭鄧析務難之與民之有獄者約大獄一衣小獄襦袴民納衣襦袴而學訟者不可勝數訟既有學即有專書今所傳鄧析子甚簡非全書也宋沈括夢溪筆談云世傳江西人好訟有一書名鄧思賢皆訟牒法也其始則教以舞文舞文不可得則欺誣以取之欺誣不可得則求其罪以劫之周密癸辛雜誌云江西往往開訟學教人如策科之法出甲乙對答及譁訐之語專門於此從之者常數百人又言括之松陽有所謂業觜社者亦專以捷給利口爲能如昔日張槐應亦社中之琤琤者此皆鄧析一家之末流所謂舞文譁訐本名家所不容亦猶老子之學流而爲米賊不能爲老學病也訟學教人如策科之法歐西自羅馬以來皆如是今日歐美法科大學皆設有假法庭習應對辯論之法亦猶醫科大學附設診病所於學理之外注重實驗本無足奇也今日律師爲世詬病

實由於訟學之未講藉曰講訟學也則入學以前必有一定之資格入學以後必有相當之修養出學以後必有嚴格之甄別歐美學生以考入法科爲最難而中國則最易凡不學鑿空之徒皆趨之此訴病之原一也法學精深本不易習而中國法學諸事苟且文憑賤於糞土學士多於蒼蠅此訴病之原二也民國五年法部開放律師直類走妖魔凡昔日之伍伯胥吏皆趨之若鶩此訴病之原三也

律説

參見唐律名例

見唐律疏

一

歷代刑書有三年

東有野乎

刑法

論衡十二程材篇

董仲舒表春秋之義稽合於律無乖異者

法家之法與儒家所立之法也　案此

亦經義之可以行法律也

法律

◉律師

老圃

唐六典道士有三號其一曰法師其二曰威儀師其三曰律師此律師二字見於書傳之始然爲道士之稱非今之律師也續漢書百官志司隸校尉假佐二十八孝經師主監試經月令師主時節祠祀律令師主平法律此律令師雖法律專職然爲官名亦非今之律師也但春秋時確有律師左傳僖二十八年衛侯與元咺訟甯莊子爲輔鍼莊子爲坐士榮爲大士俞蔭甫茶香室經說謂鍼莊子爲坐不過代衛侯坐訟耳至其往反辯論與晉獄官對理則皆士榮爲之名之曰大士蓋當時有此名目也衛侯不勝故士榮之罪獨重鍼莊子爲坐者次之甯武子爲輔者更次之按俞說是也士榮爲大士即今之大律師甯莊子爲輔即今之訴訟輔佐人鍼莊子爲坐僅代表本人如前清命官令家人上堂而士榮爲法律專職故正其名曰大士大士亦稱攝成四年鄭伯與許男訟於楚皇戌攝鄭伯之辭其後訟不勝楚人執皇戌及子國蓋子國爲坐皇戌爲大士也觀此知春秋時法廷亦許用律師但古法嚴酷律師責重偶一敗訴即被殺被執今之律師多抗告立法者欲加罰或議其苛然較之被殺被執固有間矣又春秋時子產殺鄧析鄧析亦律師也子產治鄭鄧析務難之與民之有獄者約大獄一衣小獄襦袴民之獻衣袴而學訟者不可勝數子產殺之事見呂覽鄧析嘗著竹刑爲中國刑法學之祖而在當時以代理訴訟爲業蓋亦所謂大士也

荀悦論赦

申鑒時事：一赦令，權也。[illegible]曰[illegible]利[illegible]其[illegible]。[illegible]不得已[illegible]其事[illegible]以[illegible]也。權其[illegible]事也[illegible]之[illegible]曰權曰宜[illegible]之[illegible]也。勉案：[illegible]赦[illegible]荀悦論赦[illegible]年[illegible]以[illegible]而[illegible]

附則第五條の、

[illegible]

内列子陰之人

由此為東内列古地一節

刑件一宗須算斟代收與否

中堂付來閱後即請回节

漢書

漢代〻代家錢制

漢書說志卷十六 齊田六八 則說九

漢律政修之寬嚴 刑之制 文字私不讓

又三十貳 十七

足見之言判斷情實相易者何所發據數思之之心

乃程律意也

又存潛夫論述赦

清裁判制度

可分六級

一　知縣

二　知府

三　按察使

四　督撫——限於特定事件

五　刑部——限於[illegible]定事件

六　三法司——刑部都察院大理寺——九卿——六部都察院大理寺通政司——會議

五刑

笞　十至五十分五等

杖　頭皆一杖　六十至百亦五等

徒　一年以上至三年以下分五等　俗曰五徒（一年　年半　二年　二年半　三年）

流　分三等　俗曰三流　二千里　二千五百里　三千里（三）

死　絞　斬（清律　斬　監候）

（二）世宗刑印定押送所在州縣之遠等地入于監獄

枷亦曰枷號

軍亦曰軍流、中極邊　年　不收監獄　以充地方軍隊　移往地中　無印定

折贖　折亦以五刑按很別贖　以金錢代贖　十惡輕人命者　財物傷害　竊盜

除於發掘墳墓、賊盜、詐偽、犯姦、略賣、和誘、姦黨、侵盜、殺人、故出入人罪知情故縱、藏匿、引誘詞訟、串通作弊、殺死尊長、卑幼誣陷、無辜殺死人命、誣告、決誣告致死三人、捕役詐贓、閒作罪擬無論等犯照例不准納贖

	三品以上	四品	五六品	七品以下舉人進士	貢監	平人
斬絞	一二〇〇〇兩	五〇〇〇	四〇〇〇	二五〇〇	二〇〇〇	一二〇〇
軍流	七二〇〇	三〇〇〇	二四〇〇	一五〇〇	一二〇〇	七二〇
徒	四八〇〇	二〇〇〇	一六〇〇	一〇〇〇	八〇〇	四八〇
杖	一二〇〇	一〇〇〇	八〇〇	六〇〇	二〇〇	一〇〇
笞	六〇〇	五〇〇	四〇〇	三〇〇	一〇〇	五〇
發遣	一二品 六〇〇〇	四八〇〇	三六〇〇	二四〇〇	一二〇〇	六〇〇

皇族换刑一加折赎
皆二十以下
三十
四十
五十
六十
七十
八十
九十
一百

[illegible][illegible]限一个月
二
三
四
六
七
八
十
一

枷

徒一年以上二年以下

二　　三

流二千里

二千五百及三千

附近充軍

邊遠

(1)以杖打身心

(2)宗室分錢 枸禁 聽借候支

發邊衛充軍

枷號二十　圈禁一日

廿五　三个月

卅　九十

卅　一年六个月

卅　一八

四十　二〇六

(一)犯十二宗室者應依十二年乃

以上移請免從換

旗人換刑

笞杖	徒一年	一年半	二年	二年半	三年	流二千里、	二五〇〇	三〇〇〇
鞭責	枷號二十日	二五	三〇	三五	四〇	五〇	五五	六〇

附近之國 七〇

近边｜ 七五

僻遠｜ 八〇

極边｜ 九〇

故列無接而以郡之法治其郡邑侯〃〃〃〃之校

通常裁判

(1)(2)(3)(4)(5)

第一審　縣　州廳　直隸州　直隸廳　判決徒刑以下(一)(二)

第二審(四)　府　直隸州　直隸廳　分巡道(三)

第三審(五)　轉(九)　按察司(六)(七)　布政司(八)

第四審　督撫(十)(十一)(十二)

第五審　刑部(十三)(十四)(十五)(十六)(十七)(十八)(十九)

第六審　秋審　三法司(二十)(廿一)　朝審　九卿(廿二)

特殊

八旗

宗人府　皇族(廿三)(廿四)

內務府　八旗包衣(廿五)(廿六)(廿七)(廿八)

將軍都統副都統　旗人(廿九)

裁判

地的——系城（三十）
　　　國家（卅一）
　　　書置（軍政組織）
　　　屬地（下級印務上歸理藩院）（卅二）

①而二審以上皆無固有事件之管轄

②下級只能擬律，不能定罪。一統以上屬刑部，死罪九卿三法司——核之

定例州縣原擬情罪未當，與律例未符，令上司偏私瞻駁，詰承審官捏錄原案供冊

詳擬駁參之法司、五科（都察院、刑科）查覈，果有將偏私駁之上司交部議處者，上

級審之駁文有不通用而不能依律之事實者，始准改交挾詞敷衍，出入無罪，議律從張

執其以內屬省遠上上期，其餘亦不可長遠屬此例——會典事例 六〇八

（子）官吏訴訟則以（民事）按（刑事）均爲一審——民事（刑）即刑案民事及詞訟户婚
案田土之訟也
批州縣申詳道府按察撫院（四月）按分發覆核收閱除實在
（二）隨刑從擬律
章三八條凡究盜逆犯干涉軍機應行立決及須刑鞫者均即隨時辦理
明省部毋庸拘泥停刑期列對犯刑之時機處分權也
（三）強盜殺人放火等重罪事件發生而一審裁判及向上級衙報告始末（回）通
詳若急切不知始末則先報事件回通稟　對府道臬督撫須同時通
詳或通稟故有六項通詳之名——若關軍事即或衙門上報告關係以上
第報管政　月報見（十）
（三）司六宗例查切刑名案件例系州縣判理府司審核一省之地方查通兩司

之耳目，雖同其州縣所屬案件有無徇私寬抑之處，又令遇分巡道負巡道訪察
是該道雖無審轉之權，然有稽察之責，所以佐兩司耳目之不逮，防州縣之弊
竇也。六の九 今典事例 嘉慶會典：府屬廳州縣由府審轉，直隸廳直隸州州屬者，皆由
道審轉。卷の二

（四）案件為轄下不出而一審，出為轄屬之外，一刑案徒決徒以下，流以上擬律而
已。 第一審判決擬律，但由不當，可使再審，或自為審理

（五）刑民案至此分之：民事訴訟至此始為裁判，判杖而笞刑決，則此人民對於
民事訴訟及宗事之犯罪案件及詐稅特為兩司審理之事件，皆由兩司合（九）

（六）徒以下判，以上擬律，與第二審同

（七）直隸有按察使衙門之組織 凡廿八房

順東房　順西房　東順中房　西順中房　永平房　中承房　外承房
中條房　外條房　東內條房　西內條房　河間房　天津房　南順
條房　北順德房　內廣房　外廣房　正西房　正東房　大名房　皆
分管州縣

督催所　催辦各省盜殺人等重案犯之擬律
總催所
贖罪房　文案之往返趕限及審交犯罪
緝捕房　捕各省逃犯人　[illegible]
司獄房　監各省州縣有犯人各省內案犯情重之犯人及不開
贓罰房　收發各項

(秋審局) 他省犯人及有關罪情重之犯人之審閲

(清訟房) 一切事務係之及牢務

(八)户婚田土錢糧等事件之裁判,今無事例謂之於中撥收租稅之訴訟事

件最多 民事不外刑事,爲定罪擬律之别,下級審有判決權,以治户婚田土

及錢債之細故,爲定例不言審級,下 視爲非細故移送府道司 人民當民事

上不必之始,或判決訴訟之權 例有府道司審查,有申報之義務

(九)事例凡藩臬兩司道府情批批發之案,如系户婚田土錢債細故,須歸徵

委員代爲查審,當借收仍由該司親提研審,權設法傳至控告控夷之妻孥

臬兩司即應親自切問定擬具詳,不得發州縣代訊,老六の人

(十)乾三五定例,各省督撫凡遇事關重大及案情疑難一切應行提審要件率

同司道等親行徹審，毋得委員查取。事例六九　特設讞審局于省城，令知府及
丞倅候補官吏為老成幹練者，常川住局，分任審訊。
乾二六審情按　二六上諭：向來直省秋審成例，於巡撫會同司道彙
按察使偕同會同查審，然一切務須詳慎，規久經申禁，照以巡撫率同該司審
隨事分別緩實，分供應之數，亦照所擬情罪，每年清查冊，各省按擬會勘
撫辦理。取見其是否明確，照此例刪除，著為令。事例六三
（十一）該刑部按刑即照刑上奏，同時按刑部。若事件情形嚴重者，尚應照按擬辦理及
照即定之，不能候發審局按察使審。將犯提一審，重大事件如同關於一日即
決
（十二）各督撫候補傳到局即發審，督撫審理覆奏，取證欽案

(十三)附則外特定(註)事人命同

(十四)流罪判決——順天府尹判笞杖并徒罪(於各城內)與盛京刑部各城知州仍可判決徒以下,加入會典附注并列在流罪以上由地方廳申按察司轉總督達部,徒杖以下自決之

(十五)勅令付刑部之事宜理藩責成刑部別三法司會審擬律覆奏

(十六)刑部、提督衙門、都察院、巡捕道、五城,除控案外均上奏於皇帝

(十七)新會典現審處掌聽旗民訟事。會典附注旗人爭控戶口田房之案,旗人於本旗具呈,民人於地方官具呈,如該管官審斷不公或有屈抑者許赴部控訴。上各事係由送部該管官查取確供確據送部查辦

(十八)於各衙事務一審不如二審,二審不如三審即印

（九）該會典門附住如所造遣情不比照所刑該其會同刑印審理

（五）該會典雜理寧擬照之一字判云謀大獄內旨即與　附住本年肩多審事件如

特多本年據大理寺擬比即由本處傳該其本刑該此或狀內開務　公益或狀步年

統俗公移提該其定役刑具皆於刑印傳用如會同刑印此或刑印半方前來

會該或狀刑印會同照對記定

（十）三法司　刑印　都察院　大理寺　少傳　左都御史　右都　少卿　如裁判

之

（廿）秋審　四月請旨擬律　五月奏又面知刑印　刑印係如前奏母辦分類　罪

即刷之七月初旬供御覽　寔事八月中旬使三法司會審　會審後于請旨擬

擬律加減又供御覽　命內閣付天置釋參奏數大年日　至日御便殿命大

送刑

學士執朱筆於當罪囚姓名上勾決　內閣送本當送覆奏御史

行、　通政據該省情擬報的決刑部仍照樣

此、然三司凡六會仍及　今典每至霜降後俱候該決重囚著三法司奏請會多

官人等從實審錄庶不冤枉三段　上諭將三法司奏請會多官人等句改為刑部奏請

會九卿等官（刑部東例卷）而於審錄之下刪庶冤三法司日會審後定擬會之　仍於審錄會九卿科道詳酌

（卅）九卿此六部大理寺通政司都察院其長官次官為裁判　係皇帝裁判為

為刑部與三法司會審囚　九月閱之　今典事例六五〇刑部現監重犯每

年一次朝審刑部於霜降前分案摘敘原案情節刊刷招冊進呈御覽　著裁判

直省刑部秋由此一制度　秋審則由各省各府州督撫擬刑　各城內死囚

刑部擬律入朝審外省督撫擬律入秋審　各按刑部都察院提督衙門不以

總局堂判下九仰　勅命撰造条例〃犯罪地方事亦附相當

(廿三)令共一派十二隊軍隊以上罪請旨定議

(廿四)親王郡王應問者以文詢問也應傳問者奏聞得傳問見勅以下皆傳問

(廿五)慎刑司一〃

(廿六)管故決徒以上須刑部　旗民人等保者亦如之

(廿七)刑管旗人与漢人各保与同不應旗分自審理

(廿八)宮房犯罪——及罪送三法司

(廿九)在京旗人都統刑事杖以下書決徒以上送刑部民事小事書決大事移户

仰——刑仰書決徒罪及死罪送三法司——在外將軍都統則徒以下決之罪以

上之者在邊衛撫律出　其外將軍副都統之杖樣置精而立極必理事件也為

理事同知

(注)有古發二所呈俊取王城穿陵 順天府通處加二四格名 宗室陪嫁夫

外二物名業民事在城處陵業俊取事業刑事二四格名董率民利且書管

以外國人契約

(世紀)六八以家族人戶籍分不得于上 六年改之上隷省候補方族免存不刂但

士前要地中及各事業卷可稽務古不合律例 然亂の兩定例族人宗族等羅極

刂條族發處本例六 戶籍地方所管專屬下級審 保法抄以下 並裁判族

人

民事區署分一審 小大告有裁判權此大國各戶即 告特異地也 戶

刑即為 再二審刑法法統政務然審戶即專大足決 再三審為國各審

每年二月十日一時開始至印刷局今後專官裁判官下三品可再御一 核令

共五例六至一於蒙古律例上諭修改

(卅二)旅長札薩克喀爾喀盟長順治以後應決之案理藩院（正從前札薩克之設法為拔取盟長）從以下撥財者刑部審

該檢舉遲誤、送回者尚未發案其所犯者以律例處罰

共罰牲 一 五 七 九 18 27 36 45 54 63 72 81 凡十

二等

所分九至八十一共十二等

又議罰代以鞭責牲一鞭二十五牲以上亦止百

札薩克既為案內之理藩院派往司官以下罰牲與　盟長審訊會同札薩克

會典 蒙古內屬地方將軍都統[illegible]與民[illegible]方會議之

會典 理藩院[illegible]以會刑部而決

入新書

今
會與李提刑都察院刑部大理寺六獄　取刑須依三法司
覆審　此後刑部知會都察院大理寺會議審
理具奏
於審鞫實即具通犯罪名之係審錄都察院
有凡御令議

宗室之所以削立諸記及兩世為民之諸記宗人

附今同戶印列印審理之

深宵覽之取犯官林氏　右二條按照吏部降級同律
例議如無此行太繁僭
擬往年例酌之　將教書圖其代之
為犯者財力將因禍自居

藩屬自王以下之犯罪由理藩院判決

会典國家安輯蒙藩服仁至義尽爰按蒙古土俗酌定律例以靖邊徼死刑之外罪止鞭責不及徒流統於罰例　凡罰例以五論者犍牛一乳牛一犏牛一牛二歲犙牛三歲二以九論者馬二犍牛二乳牛二犏牛二犙牛一至九九而止

罰馬者自五至百而止

會典事例換刑處分凡不能完納牲畜者一頭鞭二十五二頭五十三頭七十五四頭以上鞭一百而止

若死罪以上則解送北京与内地犯罪同付三法司審理判決　此時理藩院尚不加入

律

今典事例國初定也內人在边外犯罪依刑部律也外人在边內犯罪依蒙古

順治八年上諭自今以後凡有奏告之人在外者應先將所告該管官司道府州縣衙門控訴若司道府州縣官不與審理應於該管總督巡撫巡按衙門控訴若總督巡撫巡按不准或審斷冤枉再赴都察院衙門擊鼓鳴其冤枉都察院問果冤枉應奏聞者不與奏聞准赴通政司衙門具本奏聞在京者冤枉應於五城御史及順天府宛大二縣告理若御史府縣接狀不准或審斷不公再赴都察院衙門通政使司衙門具奏申告或於六部具控呈控訴者照舊例准理若內外大小衙門明知枉情蔽不上聞許其本人至午門前進奏俟詳之後有仍蹈越訴告奏者問以重罪該部將此諭刊行告示廣布通知會典事例卷七五四

按越訴為法所嚴禁

順德縣詳　高氏果為夫殺詳憲都察院辦似除

夫妻未居同孤小妻之与裁斷理合該將擬處後

審時處　本會典事例

七五九卷

熱の詳向來或者人民赴都察院呈控者，該部內有與

控奏內見者乃空國家者將擬審辦理也乃為經辦

保不傳些辦理，，此為，，似此則但等准駁之可之

為道也……聞以都察院通為有告呈控之事但不

惟駁審案情較重者自應即日具奏報部駁[illegible]
回本省審辦、、案之應于一月或兩月內親提審案
之案審明保奏一次並將原案情節於摺內分晰
往例……
按自為裁決　詳之案情重者應即具奏則摺者自
可裁決

各裁判所通常所置吏員

(一)招房(书记)
(二)律师(幕僚办理文件)
(三)值堂(通译)
(四)刑杖
(五)快役
(六)皂役(巡查或该监守护)
(七)堂事(庭丁)
(八)仵作

捷以下之裁判屬州縣　按當時受其上告以之吏爲被告　中

則令自今改從

告按察使得令其審裁判派委員指名犯人執審其

從例　此州縣從府報告按察使再加審擬從情擬遣邛

致死　本府之報告親訊　擬律送情擬　將擬因於審之庭再

發之（擬按察使府之書）具狀呈勅裁　於審府即按爲　此判決一宗觧通考

后於於審之年　稿本畢

總横目下役并廳調役依按吟味申請ヽ命追究ヽ流刑以上

之究ヽ令同心捜探親族役人并撿者追引印　以後裁判所

一寫刑并案件役務所の

戰料能畢手按照自然人民生活及史料而定二司令魏設其

共宛，狀中出猜想合典本例六の九卷叢以共左隆替方式之

推亂隆三一年字例

論此

每年秋實而按其目猜想修原而為陰陽曆

府所裁判除以上通例直達按並通律道　無特加意處則無信

道達按　該道對某事認第二審裁判所

集成如是之刑法中國分爲

行政法典若唐之六典　開元十年作十六年乃成　三十卷

理　教　禮　政　刑　事

明清會典以此爲藍本

中國法典
- 刑法典——古唐律
- 行政法典——今清會典

會典以百官有司之職守

律例以九章之文民之犯爲

唐律令典二书为刑名不易之根本[illegible]

目下虽随[illegible]

商律考 二十八歲所為

晉律

中國現在應大大人民專有的地方[illegible]一方面極于
國家中，如司法事件，權力甚大
本來法律家所以立論 根據 裁判例 以學說 條理
の種[illegible]無之事[illegible]業之備，自由選擇法律 裁判例
實際上全面之直接法律之勢力，學說條理更不待
言矣。故[illegible]于此[illegible]法律為中國[illegible]

近世諸國的法皆有法典然尚未有編纂羅馬法典者可包
二三學者私撰之書以爲言法之寶則其惟蘭指一切
羅馬法典然內容雜亂實地乃到處非指羅馬全體仍不得
以羅馬法典視之　古代法典純乎羅馬法典之性質雖
羅馬法數之全體者古代律及其他成文法不足法以補
助之而足包括羅馬全典者而其行政機關之組織權限及

東務之準備莫不以令典為先則令典之為行政法典者

樞……亦于通例以外

欽敕頒頒政務之綱領其中所附大清令典題曰清帝國之

憲法自古為永久不易之大法故之範圍憲法之性質儼然

政教宗旨者機關之組織權限及東務之準則而錄綜政務

皇帝之地位皇位之繼承等內容未備根本之典章是矣

清國行政法第一編第二章

會典

修明六部則例

根官多於求事綱

乾隆臣會典則例為其中之部　諸例可通世皆可為名儒

無為法例從咸同例以諸典

其凡例從典出同以則為目則例載細目　而齡以實其他

浙江刪本

隨時改定則例　重要者于修正會典時收入　不在

實

附上吾則例望並前則例廢今無要者在動力以無來字

廢去則無是遺傳之動力也

清[illegible]會典 康二三（二十九年） 一六〇卷

雍一〇 一〇〇卷

乾二九 八〇〇卷

嘉二八（匡）

同十二續修 未成 光緒元月二己

（匡）體裁全變 順治後多數上與前異 尚有精審 而事而附於注（事例府為大清會典附注） 且有與則例合為別自全典

事例所為

新增刑案彙覽　以近年之本例判案為一部　原名大清律

帶刑例　嘉慶元年　總覺集成之處全在案例九二〇

通　有例部局課案判俗新新例　著後一一

亦屬蘇之事例　但狀事件性質　引類　引類　概中

事例出於擬年　偶傳而言者

金鑾殿

本書說時祈年朝賀設置夜則爲宿衛之

金鑾之風以發揮皇帝罪訊金鑾諸如皆由內閣點讀

以作極載蓋爲成于星史嚴及內閣所爲藏

一部辭選即所風象所藏

大清律例

為刑而民法 行政法 訴訟法皆合為一

律之名稱改

例（條例）（關於名目）　如唐及宋[illegible]之則例

人律爲主　例爲輔以後

鄙之　比情律未有例可稽　稽其所以行者

名例則寓之律　例乃新則寓焉（律例皆五十條則比附）

（辨）進　是明會律從例乃居新從舊　但皆由君定之

律目經已刪改併等爲四三六門

例通年增刪

五年一小修

十年一大修

順三　刑書成律後附註疏解名律等　大清律集解附例

康八　大學士管刑部事對喀納奏准律校正

十八　特諭刑部律外條例有應存者詳加酌定刊刻通行名現行則例

廿八　臺臣盛符升奏請以現行則例載入大清律內乃命尚書圖納張玉書等爲總裁　酌收條款

[illegible]

[illegible]

之　五全殿　大清律集解附例

[illegible]

[illegible]

自是數年　[illegible]以新定之例分附律後[illegible]

[illegible]大清律例[illegible]

[illegible]大清律例也

緒初四至七門所以刪路整齊者約四三分內選

擬之

條例亂五多人一〇四九年宋有加四一〇七三年

條例急當修　此次之奏　大清律例續纂集成

咸豐十一年時　道光間　山陰姚雨薌再修新

列明原須之語　第後來條例皆載之　無闕

此條本[illegible]　同治初吳縉帆自無存本　欽令繕

任彭年屢計　同治六[illegible]　十吳代更續修　光初令

稽閱錢及陶念霖校補　即現行大清律例

增修統纂集成　[illegible]

傳例條

讀手牘二 載七以録列卬（初本補遺）

傳記書證到著作傳例〻年並列卬為文史中傳條

參尊畢群廣

傳例五年一史傳（十年一大傳） 照年月成 照一年成

蓋少稱民照列至傳〻而惠史諸史乃相照

別例

在法規務上生疑義依行政法規之明文中中央政府特設機關敕裁或即新設事例其新例者作裁可即為例其裁可之別裁也

例云者原為起於行政機關之內部擬定處理事務之件而以形式設定其則對于將來之事亦可為適用之準則然僅在內部有法規之效力即對于外部人民亦有效力否

條叢例以一定之年爲斷之　隨勅載錄即

不經上司核准後　此則部頒例也

例之制定與此　由其勒力奉事實其所采以爲定

之例　如律其無文定載可援者　成案之律

團之集編年之例之者也

條例與律一而二二而一　於以律例註釋而不無

則例與會典　執以爲殊亦只以則例爲入會典之例

而加改耳

纂修則例

各部皆有之綱　而各部各自為書　不能依定綱紀

此舊之新例逐往往誤修脫漏　刑部更形

煩複則例之事數　同治光緒間降案者　尤十見

諸煥長皆於核六部照章則例

刑例定制除各部纂修不能隨時核擬之大

法令無則例無新例也

近數年乃至改頒若干方式　令典籍網羅無

叙文設令典事例　從来刻例皆附入此中
藝文部　纂修令典之屬　以奏纂修類
據此則石渠修之令典事例　第四五部稿本
修纂例而已
刑部有事則例、事例入條例中　如奏即
此例　此則刑部本年

吏部則例

道二三修　同一二

光一二兩次續修

户口約例

周の 五一二條 同一二四〜請看 六十卷[illegible]

六部處分則例

吏部處分　處分廿伯道罰三三六　書稿　府史　府史

三千六百條以上部名凡指節所定之

則例為滿案之地

一般則例　特別則例

部則例　各部則例一般事務與[illegible][illegible]如[illegible]之事件

別則例　乾隆大清會典則例　嘉慶大清會典

專例

特別　工[illegible]之物料價直則例　八旗則例　倣

宗室外藩則例

大作通讯　已代请建屏兄审　另加删削

高人集之高人特别删削

書例

紀傳各有斷限　而定著例附往之義，使者

例使紀一事，就其所有而通之，例是也

以紀各有例，紀事本末而以類附，例作例，例本限各

又傳例列例中，其他事也

以志傳若例未見於史之綱　三國志中失載者如地方志

總敘書法，此後見於紀傳之書的設

查例不若入新例出部為慮之

新刑律條例以後凡例須兼參之條內如

向刑部門之今尊處難理其有條例

頗此條辦可否請大部條奏

准刪除毋庸再條遵行所有擬刪

建白此論不僅

史學義講讀録今日百之救藥說人
當及於熟讀講解兩通纔讀其書
叚近世我國人著述學殘不向輕率
並多人一段其實手稿及數述而出
得其言之創見之例

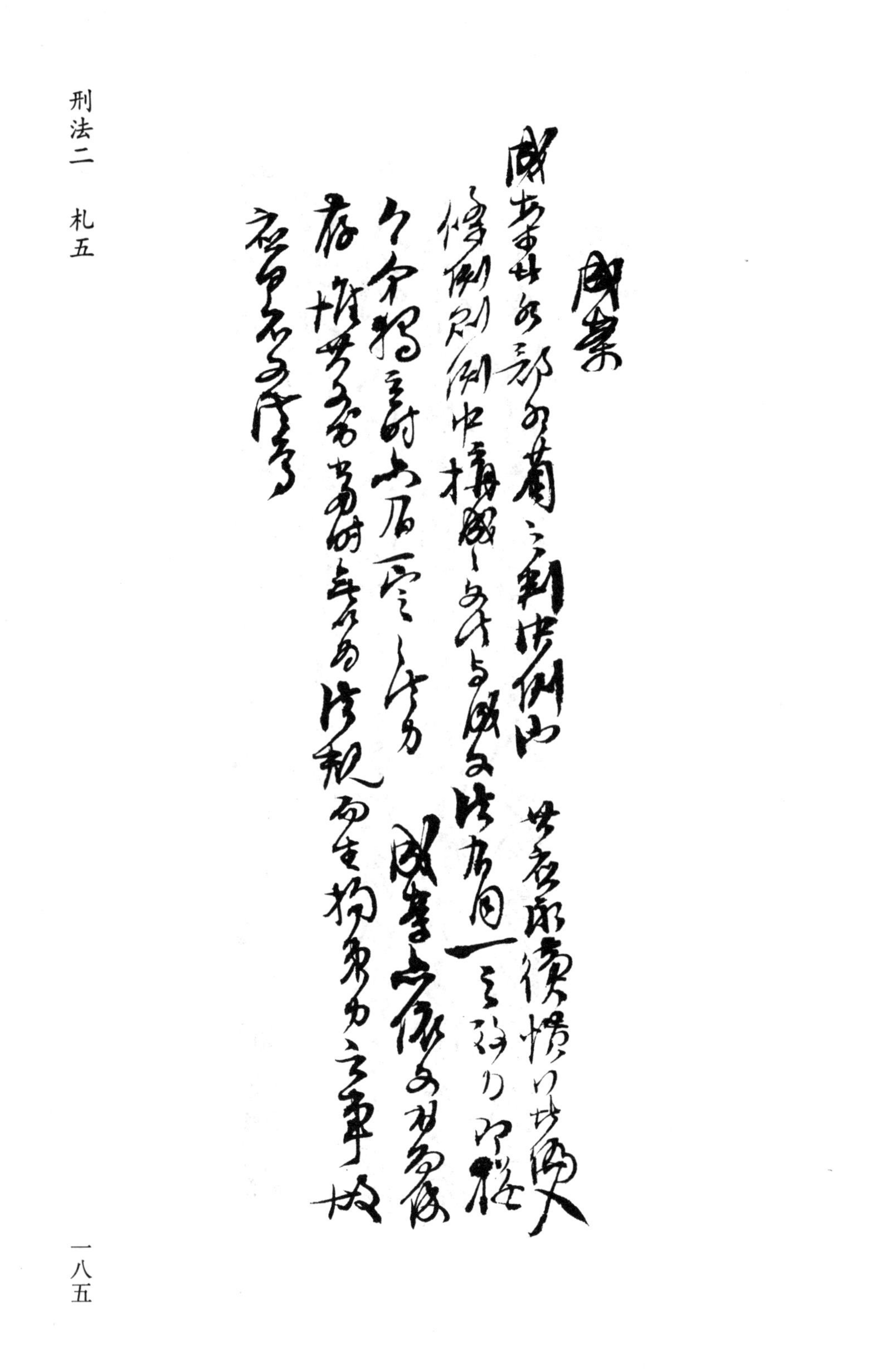

別此條説之、解釋之律之文，之謂之不能條理，論罪此同，別於律亦許援引比附于律。凡律令該載不盡事理，若斷罪無正條者，援引此律比附，應加應減，定擬罪名，議定奏聞。若輒斷決，致罪有出入，以故失論，則罪名之律進

刑法

桐城耆舊傳何樓霞傳：何以謙，號韞，字子衡，號翹海

廬。嘉靖間，以貢生廷試第一，授山東棲霞知縣。分鄰鄰

里社相與爲法。每社第子弟者，擇對人爲長，以其屬所劉選才

行尤高者爲社師，每歲時以勸課，輒召試其子弟以

稽勤惰而賞罰之。即於社中聽一社之獄，鄉之老輩

旁觀，以言其不平。後五之任，無不之法。

刑法

桐城者崔寔傳注參政傳，法曰：諦言[illegible]宕者，[illegible]，[illegible]，[illegible]

慶二年，詔逆士，[illegible]，[illegible][illegible]令，藏[illegible]，劉宗，杜林以下，令[illegible]

者死，有奪半[illegible][illegible]以內，[illegible][illegible]因杜林之，而[illegible]其罪曰，

是[illegible]來[illegible]，遂年[illegible]後[illegible]。

片

桐城耆舊傳姚端恪公傳　姚公諱文然字弱侯號龍懷

（康熙）十三年擢刑部尚書……乃稱日刃殺人一例殺人者皆斬

七　參看卷廿七之三

勿計因無推原律意虞鋼錯……互任之手寬……

應中條目揭疏請更定之例……

馬其昶曰……復詔刑律定自以手足毆代殘并遂刪除……

刑法

隋志十二年春從去向劉歆問此書律令一部由此知為向所記注者取令律得律刑律以向子歆摘而録之其目錄者據殷恩之論說語全學為古者謂明

抄史

都察院　為檔

去年後録獄門

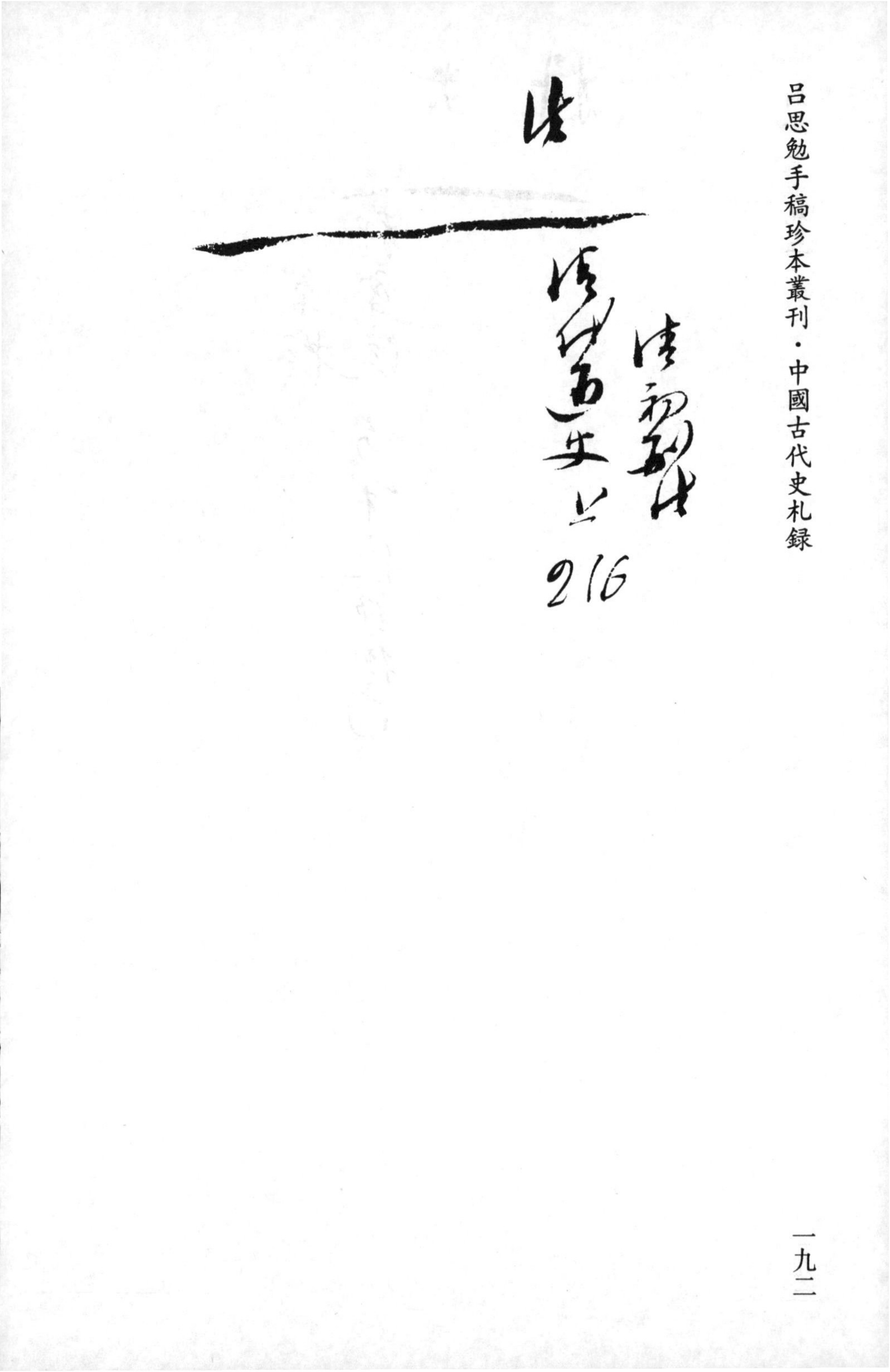

法

一

216

⊙江河日下

老圃

唐時贓吏多于朝堂決殺而改元及南郊赦文每曰大辟罪以下咸赦除之官典犯贓不在此限此唐之所以盛也宋初嚴貪墨之罪而南郊大赦十惡故刧殺及官吏受贓者不原此宋之所以統一也故不赦爲上匡衡吳漢諸葛亮言之詳矣其次則赦罪不及贓吏唐宋之法亦良法也民國則不然其初每有大赦未嘗不及贓吏其後每有贓吏未嘗不蒙特赦今則因贓吏衆多不便一一特赦而特爲之大赦此之謂江河日下

褫奪公權○古之褫奪公權者不能任官不能出席會議不許信
教不許入廟被害不能控告殺之無罪不能訂賣買及定契約
如外人無[illegible]法不施於其族外人破自邦子非其子妻可改
司法保護之權一公民而當之害
家故去祖國別無所歸矣
董仲舒春秋決獄○亦不傳困學紀聞云僅御覽載二事通典載
一事同云藝文類聚亦載一事　困學紀聞亦附

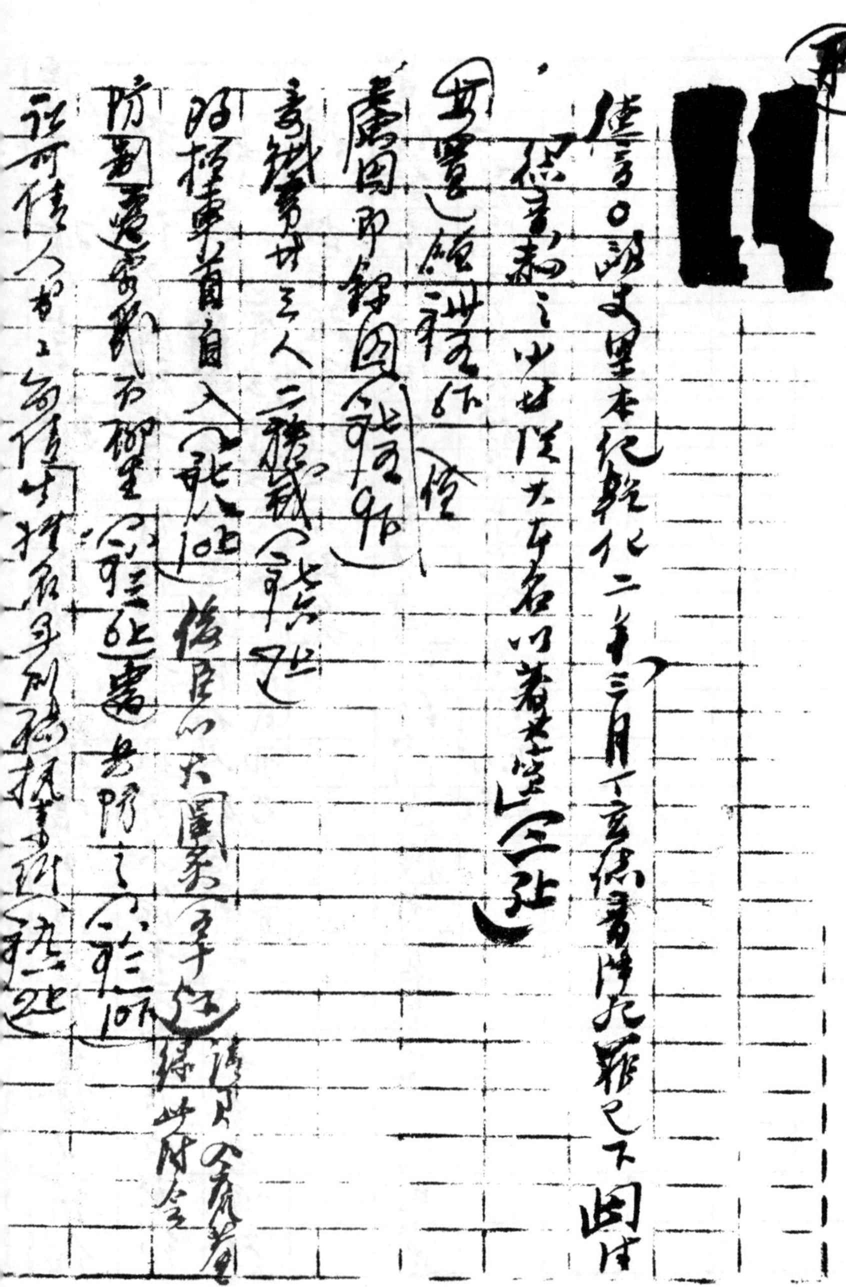

無（配隸）　紀七/10

嘉祐初　上海國立暨南滬江大學

（刑）慶元律私鑄[illegible]錢[illegible][illegible]以鐵錢[illegible][illegible]勤士大夫鐵錢[illegible]

兩紀之[illegible][illegible]用[illegible]（[illegible][illegible]八三頁）

陳[illegible][illegible][illegible]刑[illegible][illegible][illegible]則是[illegible]財[illegible][illegible][illegible][illegible][illegible][illegible][illegible][illegible]

兩[illegible]（[illegible]三頁）

何下[illegible][illegible][illegible][illegible][illegible]（廿[illegible]二頁）

銅[illegible][illegible][illegible]銅而[illegible][illegible]之（[illegible]之宗大和九年[illegible][illegible]）

極有[illegible][illegible][illegible][illegible][illegible]（[illegible]三頁）

新[illegible]同[illegible][illegible][illegible][illegible][illegible]刑[illegible][illegible][illegible][illegible][illegible]（[illegible]下頁）　吐[illegible]（[illegible]五頁）

[illegible][illegible]史（[illegible]下頁）　華[illegible]（[illegible][illegible]頁）

[illegible]

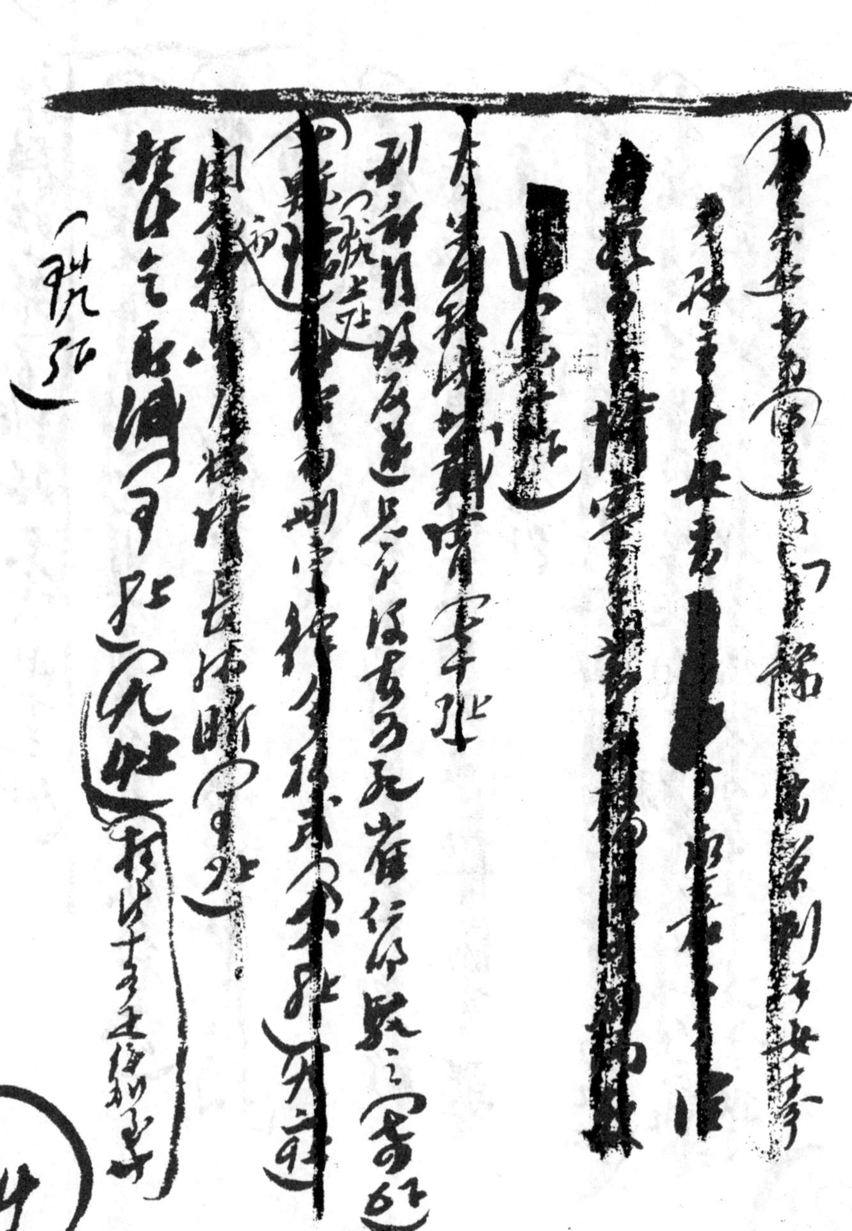

刑法（減）

（睿宗紀）（景雲三年）制：……枉法贓一匹已上
先決杖百（已上比）
（玄宗紀）天寶元年……二月……[illegible]
……枉法贓十五疋當絞，今加至二十疋（九北）
（代宗紀）（永泰二年）（九月）宣州刺史李佚坐贓二十の
萬貫，集衆杖死，籍其家（十一北）
（德宗紀）即位之歲，中官邵光超送淮西旌節，即李希
烈遺縑七百匹，事覺，杖六十，配流（十二北）
（憲宗紀）元和五年十一月，右金吾衛大將軍伊慎
賂右衛將軍以錢三千萬，第五中尉第五從
直求河中節度（十六北）
（文宗紀）大和四年四月，[illegible]
丁丑[illegible]（十五北）

18

刑法（贓）

（穆宗紀）元和十五年（二月）京兆府户曹參軍韋正牧專知景陵宫宇工作，剋剝廚料充私用，計贓八千七百貫文；石作專知奉先令于翬剋剝計贓一萬三千貫，並宜決重杖處死。（十六上五）

（敬宗紀）長慶四年三月，貶少府少監李彤爲吉州司馬，以前爲柳州刺史坐贓百萬，仍自刻德政碑故也。（十七上八）

（文宗紀）（大和四年）（九月）舒州刺史兼團練使渾鐬坐贓七千貫，貶袁州司馬。（十七下四）

（又）（八年）（九月）隨州刺史杜師仁，前刺壽州坐贓計絹三萬匹，賜死於格宗。（十七下十）

（宣宗紀）（大中四年）……勅：令自元年二月二十六日勅節：盜贓至一貫文處死，宜委所司重詳定……（刑部）淮南甲三年三月二十四日勅，竊盜贓滿三疋以上決殺，如贓數不充，量情科放，從之。（十八下六）

19

刑法（贓）

（宣宗紀）（大中九年）三人坐取所由錢一千三百四十貫（十下9上）

（楊收傳）閱之，已乃一一知加附令史，悉以贓罰

貶也（一〇二11下）

（李義琰傳）取長任錢七百貫（八二一4下）

（宋璟傳）子渾坐贓私取數萬貫（九六7上）

（李紳傳）吳湘為江都尉，閱之，時李德裕令，狀曰吳湘

抑之取贓，積五千匹　桂林令某死　乞取數

千匹以流（四7上）

[illegible]

[illegible]

[illegible]

一　呂諲事書說（薛世雄傳）

90

贖刑

刑法志（十三）

贖罪舊以金皆代以中絹

死——一百匹

流——九十二匹 加鞭百 笞八十

刑五歲——七十八匹 笞六十

四歲——六[illegible]四匹 笞四十 加五匹通鞭笞[illegible]論

三歲——五十匹 笞四十

二歲——〔三十六匹 笞二十

一歲無笞則通 鞭二十四匹

鞭杖每十贖絹一匹至鞭百則絹十匹 [illegible]

事表、故以名例爲首篇。第者、訓居、訓次、則次第之義、可得言矣。一者太極之氣、函三爲一、黃鐘之一數所生焉、名例冠十二篇之首、故云名例第一。

衛禁律

疏議曰、衛禁律者、秦漢及魏、未有此篇、晉太宰賈充等、酌漢魏之律、隨事增損、創制此篇、名爲宮衛律、自劉宋洎於後周、此名並無所改、至於北齊、將關禁附之、更名禁衛律、隋開皇改爲衛禁律、衛者、言警衛之法、禁者、以關禁爲名、但敬上防非、於事尤重、故次名例之下、居諸篇之首。

職制律

疏義曰職制律者起自於晉名為違制律爰至高齊此名不改隋開皇改為職制律言職司法制備在此篇宮衛事了設官為次故在衛禁之下

戶婚律

廄庫律

擅興律

賊盜律

鬭訟律

疏議曰鬭訟律者首論鬭毆之科次言告訟之事從秦漢至晉未有此篇至後魏太和年分繫訊律為鬭律至北齊以訟事附之名為鬭訟律後周為鬭競律隋開皇依齊鬭訟名至今不改賊盜之下

●

詐僞律

疏議曰、詐僞律者、魏分賊律爲之、歷代相因、迄今不改、既名詐僞、應以詐事在先、以御實事重

、[illegible]偽造八寶公者、鬪訟之後、須防詐偽、故次鬪訟之下、

雜律

捕亡律

疏議曰、捕亡律者、魏文侯之時、里悝制法經六篇、捕法第四、至後魏名捕亡律、北齊名捕斷律、後周名逃捕律、隋復名捕亡律、然此篇以上、質定刑名、若有逃亡、恐其滋蔓、故須捕繫以寘法網、故次雜律之下、

斷獄律

疏議曰、此篇錯綜一部條流以爲決斷之法故承衆篇之下、

大宗貞觀二年、長孫無忌房玄齡等、與學士法官、復議律令、定律五百、分爲十二卷、於隋代舊律、減大辟入流九十二條、減入徒七十一條、高宗卽位、詔長孫無忌等撰律疏、永徽四年十一月書成、十二篇三十卷凡五百條、

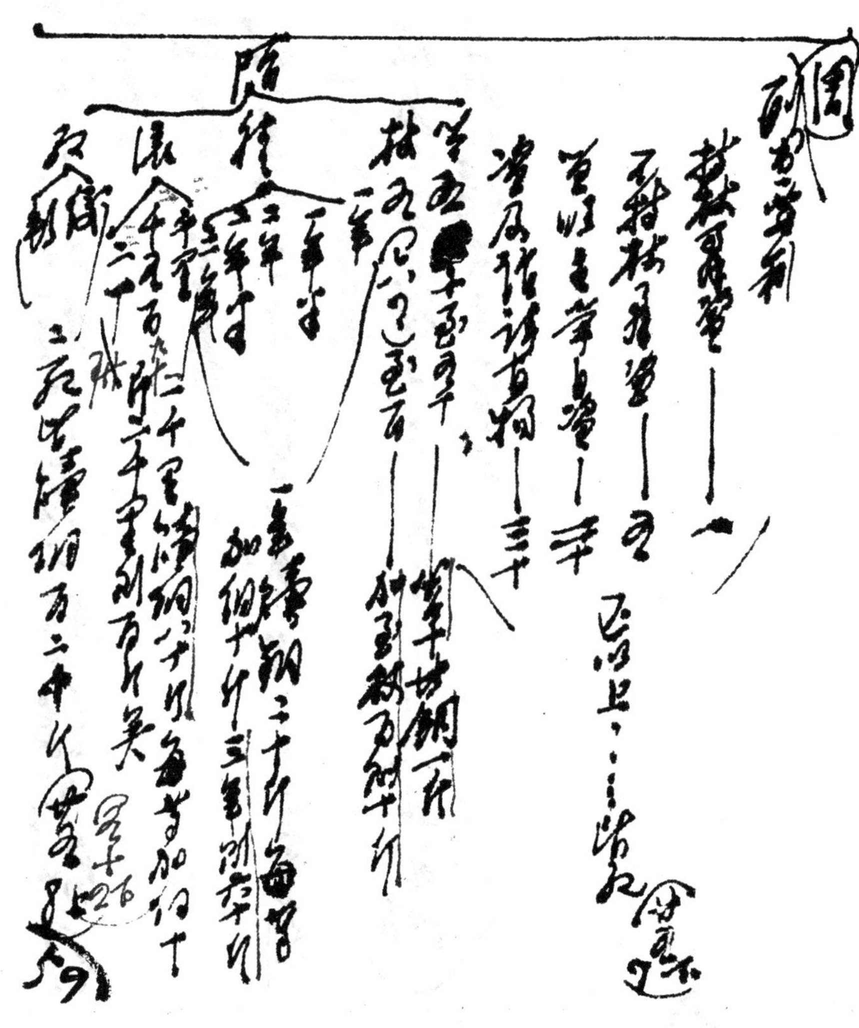

播亨……鍊料得時小篤二倍之歸何以加倍

為善

楚百斛三十斤矣

往一年廿六斤每增加三斗斤……三年斛

一百八十斤矣

張氏每年續二百四十斤

二元月續三百六十斤

廿元 10斤

60

贖刑

圍

死刑者皆贖杖例五（贖十二斤五兩）

一絞一十（自首十二斤五兩）一兩

一徒一一

一年六斤十二兩

二年十五兩

三年一斤二兩

四年一斤十兩

五年一斤八兩

一斤十二兩但徒役以上

不得以違制論等

一流刑

一死罪　銀二斤

在院官吏犯杖十兩中作處（每兩一）

流犯加役流附徒權徒十二處

加罪其一百處（笞五十）

又

漢但以處以其相界對比陵條

東方朔・四

◉法公廨協定

甘格林飛京補行簽字

▣全文業已發表
▣定於後日移交

本埠法租界會審公廨協定、昨日經我方交涉委員徐謨吳崑吾、與法方交涉委員由加爾氏參贊三人在京簽字後、法方尚缺交涉委員甘格林、須補行簽字、甘氏因前日簽字時適在普陀、故至昨晨始由滬趕乘飛機晉京、並聞該約於簽字後、即於昨日下午公布、法方且準備於八月一日舉行移交、茲將新聲社記者向法領署及法公廨雙方探得消息錄後、

▲法領飛京　法總領事甘格林氏交涉委員、因在普陀游玩、且因連日雨水太大、故前日公廨協定簽字時、該領事未能如期到京、至前日晚間、始由普陀回滬、甘氏因協定簽字後、即須發表、故於前晚到滬後、即於昨日上午七時由龍華乘中國航空公司飛機趕赴晉京、於昨日上午九時十五分抵南京、即赴外部補行簽字、

▲全文公布　法領於昨日上午到京補行簽字後、雙方即於當日下午、將協定全文公布、內中規定有效期間爲三年、自一九三一年即民國廿年八月一日起、至民國廿三年七月卅一日止、所有上海法公廨以及與該公廨有關係之章程條例等、均於該協定發生效力時起、（即八月一日）一律作廢、茲將協定全文錄下、

第一條、自本協定發生效力之日起、現在上海法租界內設置之機關、即所稱會審公廨、以及有關係之一切章程及慣例、概行廢止、第二條、中國政府依照關於司法行政之中國法律及章程、在上海法租界內設置地方法院及高等法院分院各一所、各該法院應有專屬人員、並限於該租界範圍行使其管轄權、對於高等法院分院之判决及裁决、中國最高法院依照中國法律、受理其上訴案件、第三條、中國現行有效及將來合法制定公布之法律章程、應一律適用於各該法院、至租界行政章程亦顧及之、第四條、各該法院應設置檢察處、其人員由中國政府任命之、此項檢察官辦理檢驗事務、並關於適用刑法第一百零三條至第一百八十六條之一切案件、依照中國法律執行其職務、但經租界行政當局或被害人起訴者、[illegible]此限、檢察官偵查程序應公開之、被告[illegible]由律師協助、其他案件、在各該法院[illegible]區域內發生者、應由租界行政當局[illegible]或由被害人提起自訴、檢察官對於[illegible]行政當局或被害人起訴之一切刑事案件、均有莅庭陳述意見之權、第五條、一切訴訟文件及判決、須經上述法院推事一人簽署後發生效力、一經簽署、應即分別送達或執行、第六條、凡在租界內逮捕之人犯、除休息日不計外、應於二十四[illegible]時內送交該管法院、逾時不送交者、應即釋放、第七條、任何人犯、非先經該管[illegible]

院庭訊、不得移送於租界外之官廳、被告得由律師協助、但由其他中國新式法院囑託移送者、經法院認明確係本人後、應移送、第八條、租界行政當局、一經要求如何協助、應即在權限範圍以內、盡力予以此項協助、俾二法院之判決得以執行、第九條、各該法院院長應分別委派承發吏、在各該法院民庭執行職務、承發吏送達傳票及其他訴訟文件、但執行判決時、應由司法警察偕行、遇有要求、司法警察應予協助、第十條、司法警察警員在內、由高等法院分院院長於租界行政當局推薦後委派之、高等法院分院院長得聲明理由、自動或因租界行政當局之聲請、終止司法警察之職務、司法警察應服中國制服、應受各該法院之命令及指揮、並盡忠於其職務、第十一條、附屬於本協定第一條所指公廨之拘禁處所、嗣後應完全歸中國司法當局管理、各該法院於其管轄權限內、得決定將在上述拘禁處所內正在執行之人犯、仍令其在該處所內繼續執行、或移送於租界外之監獄、各法院對於本院判處監禁之人犯、亦可指定其監禁處所、但因違犯中國違警罰法或租界行政章程而被處罰者、不得拘留於什租界外之拘禁處所、凡判處徒刑之人犯、應送交鄰近之中國官廳、第十二條、法國籍或外國籍之律師、得在二法院出庭、但須依照中國法規持有中國司法行政部發給之律師證書、並須遵守關於律師職務之中國法律及章程、其懲戒法令亦包括在內、上述法國籍或其他非中國籍之律師、以承辦非中國籍爲當事人一造之案件、並以代表該當事人爲限、租界行政當局爲原告人告訴人或參加人或[illegible]提起刑事訴訟時、不獨得延請中國律師、並得延請法國國籍或其他國籍律師、租界行政當局遇有認爲有關租界利益之案件時、得經由律師以書面陳述意見、或依照中國民事訴訟法參加訴訟、第十三條、中法兩國政府各派常川代表二人、如遇關於本協定之解釋、或其適用發生意見不同時、高等法院分院院長或法國駐華公使、得將其不同之意見、交該代表等共同商議、但該代表等之意見、[illegible]經雙方政府同意外、並不拘束中國或法國政府、又各該法院之命令、判決或裁決、不在該代表等討論之列、第十四條、本協定及附屬換文、其有效期間、自一九三一年七月三十一日起至一九三三年四月一日止、如經中法兩國政府同意、得延長三年、本協定在南京簽訂中法文各兩份、該中法文本、業經詳細校對無訛、中華民國二十年七月二十八日、西曆一九三一年七月二十八日、徐謨吳昆吾、（代表中華民國外交部長）賴歌德甘格林（代表法國駐華公使）

▲附件兩則●●●（法公使照會王外長）大法國特命駐華全權公使韋、爲照會事、查本日與貴部長簽訂關於上海法租界內設置中國法院之協定、請貴部長對於下開各點、予以同意之證明、㈠凡屬於本協定第一條所指公廨之房屋及其動產、連同文卷及銀行存欵、應一律移交於二法院、㈡高等法院分院院長、就司法警員中租界行政當局指定之一員、在院址內撥給一辦[illegible]室、以便錄載一切司法文件、如傳

拘票裁決及判決書之事由、㊂租界行政當局、應儘其可行之程度、選擇中國人薦充爲司法員警、㊃中國政府據法國政府之推薦、委派顧問一人、不支俸金、關於租界監獄制度及其行政、該顧問得向中國司法當局陳送建議及意見、㊄凡本協定第一條所指公廨所爲之判決、除已經按例上訴或尚得按例上訴外、均有確定判決之效力、㊅凡依照本協定規定屬於二法院之管轄案件、於本協定生效之日尚未審結者、應即移交各該法院、各該法院應在可能範圍內、認爲以前訴訟手續業已確定、並設法於十二個月內將上述案件判決之、但遇必要時、此項期間得延長之、㊆凡按照中國法律沒收或判罪時扣留之物、應存放於二法院院址內、由中國政府處分之、鴉片及與鴉片有關之器具、每三個月應於租界內公開焚毀、至關於鎗枝之處置、租界行政當局得建議辦法、經由各該法院院長轉呈中國政府相應照請查照見復爲荷、須至照會者、右照會大中華民國外交部長王西曆一九三一年七月廿八日、賴歌德甘格林(代表法國駐華公使)(干外長照覆法公使) 大中華民國外交部長王、爲照覆事、接准貴公使來照、關於本日簽訂關於上海法租界內設置中國法院之協定、茲本部長特向貴公使聲明、對於來照所開點、表示同意、予以證實、㈠凡屬於本協定第一條所指公廨之房屋及其動產、連同文卷及銀行存欵、應一律移交於二法院、㈡高等法院分院院長、就司法警員中租界行政當局指定之一員、在院址內撥給一辦公室、以便錄載一切司法文件、如傳票拘票裁決及判決書之事由、㈢租界行政當局應儘其可行之程度、選擇中國人薦充爲司法員警、㈣中國政府據法國政府之推薦、委派顧問一人、不支俸金、關於租界監獄制度及其行政、該顧問得向中國司法當局陳送建議及意見、㈤凡本協定第一條所指公廨所爲之判決、除已經按例上訴或尚得按例上訴外、均有確定判決之效力、㈥凡依照本協定規定屬於二法院之管轄案件、於本協定生效之日尚未審結者、應即移交各該法院、各該法院應在可能範圍內、認爲以前訴訟手續業已確定、並設法於十二個月內將上述案件決判之、但遇必要時、此項期間得延長之、㈦凡按照中國法律沒收或判罪時扣留之物、應存放二法院院址內、由中國政府處分之、鴉片及與鴉片有關之器具、每三個月應於租界內公開焚毀、至關於鎗枝之處置、租界行政當局得建議辦法、經由各該法院院長轉呈中國政府、相應照覆查照爲荷、須至照會者、右照會大法國特命駐華全權公使韋、中華民國二十年七月二十八日、徐謨吳昆吾代表中華民國外交部長、

▲移交日期　記者訪問法公廨會審長官杜格氏、據云協定業已簽字、總領事甘格林、已於昨日(二十九)晉京、余現正準備辦理移交、華方接收人楊肇損、與余頗熟悉、余預料吾二人於今明日或可一會、移之期、余亦聞係八月一日、但在總領事甘格林未回滬以前、余不敢斷言、將來改組成立後、中外各律師仍可准許出庭云、

八月一日改爲江蘇高等法院第三分院及上海第二特區地方法院

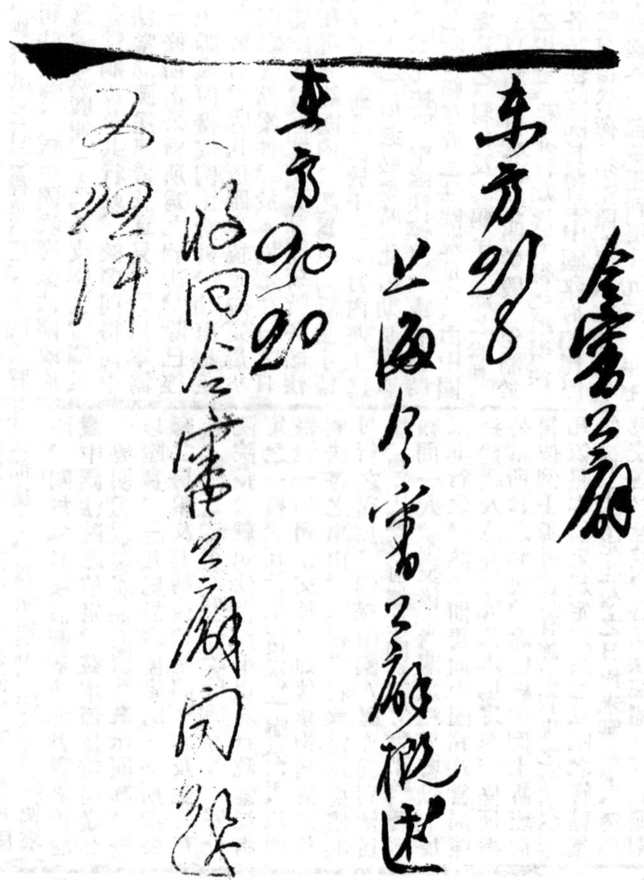

法

嘉慶十六年正月廿日接奉諭附考院以徐繼畬

西院本

一

尚書與禮家合審之辭一存疑

左方十八 四一

鈞鑒

此等關係法規宜另令 國民會議制定之

中華民國刑法時期仍用 在第二[illegible]

记

出師中

大、十二、七生 出師

此[illegible]

中國領事衙門　移知收執

本月20號接到[illegible]

外律

行外律

光28の二 沈家本 伍廷芳 將現行律例按照交涉

情形參酌各國法律改訂

廿一 三 刪除重刑 見本書 版

順頌日祉　星晴

十八日夜時書

中華民國[illegible]廿年[illegible]

東方20/21

中国现代史上之个人自由

东方20卷小号

刑法　刑事訴訟法　民事訴訟法

二十四年　七月一日實行

北洋改革曾經係四級三審制改

為三級三審

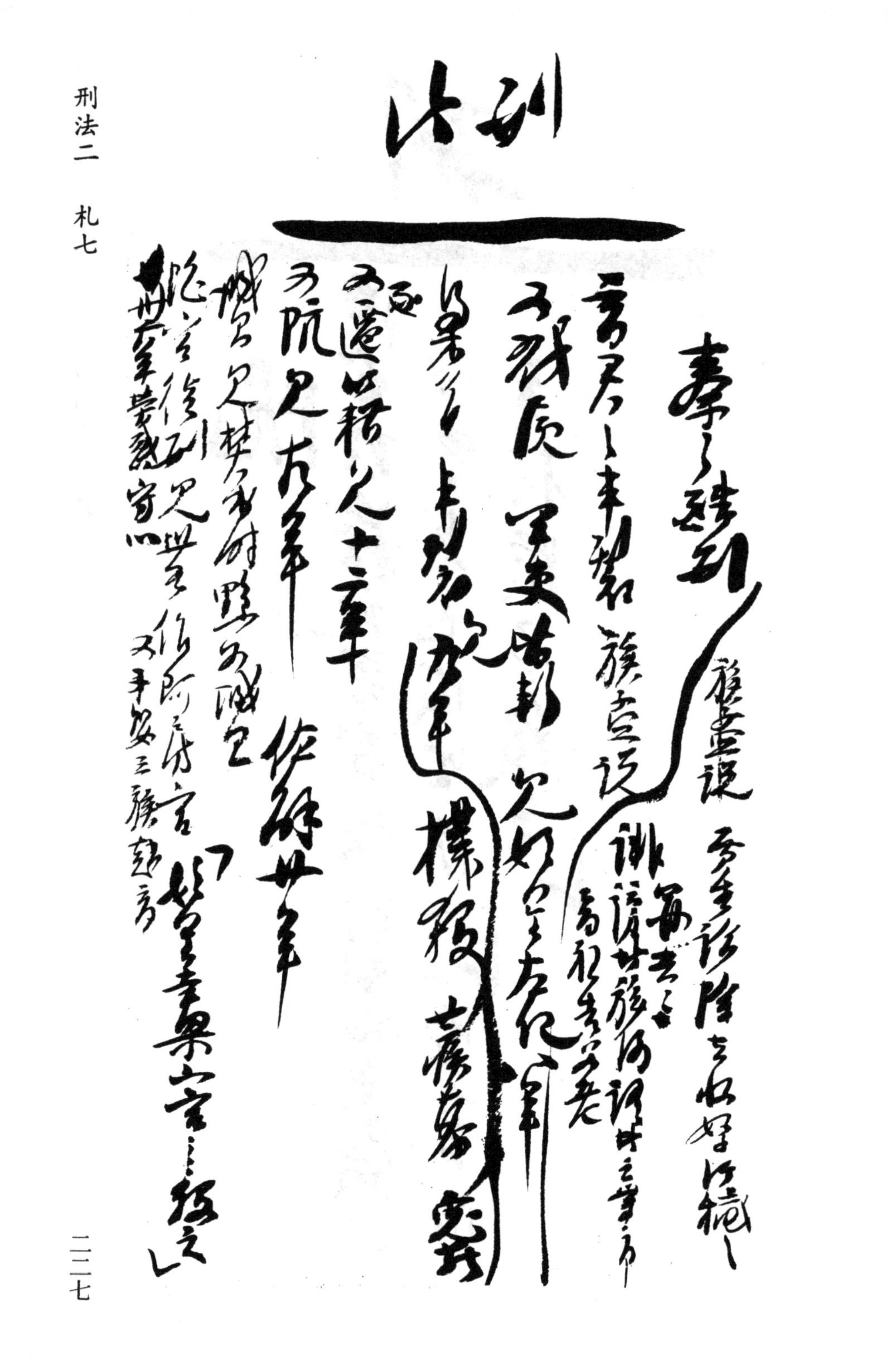

刑一

阬

漢書項籍傳「梁使羽別攻襄城，襄城堅守不下，已拔，皆阬之」，師古：陷之於阬，盡殺之」

刑

彭考

前汉书陈万年传附陈咸传：吏榜笞数

颜师古：榜，谓捶击之也，音彭。

则彭考即榜考

刑

律令

總論刑法

律刑什

又周秦 從畧

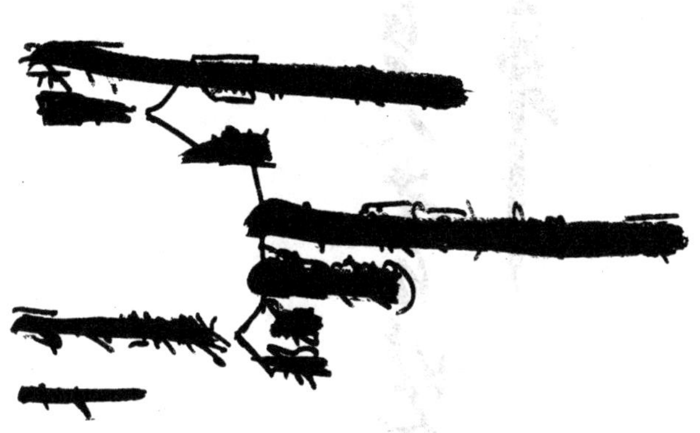

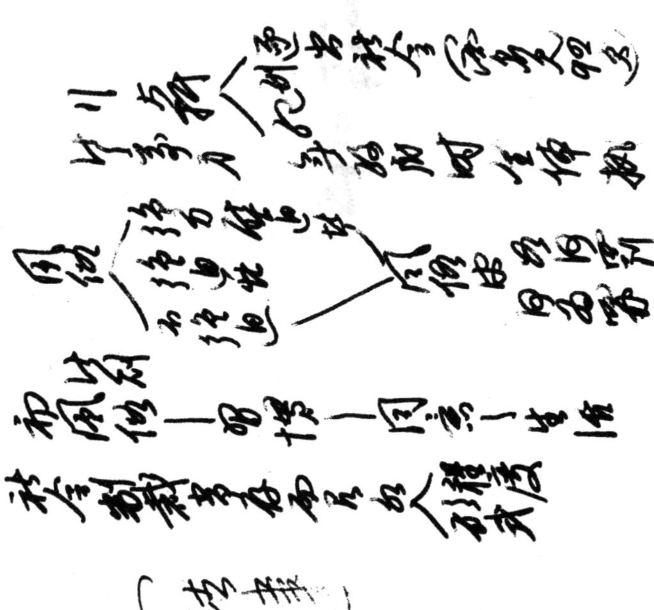

第一，因爲中國向外國
買軍火一定要[illegible]，而有錢
的入[illegible]國銀行
的能力
[illegible]，
現

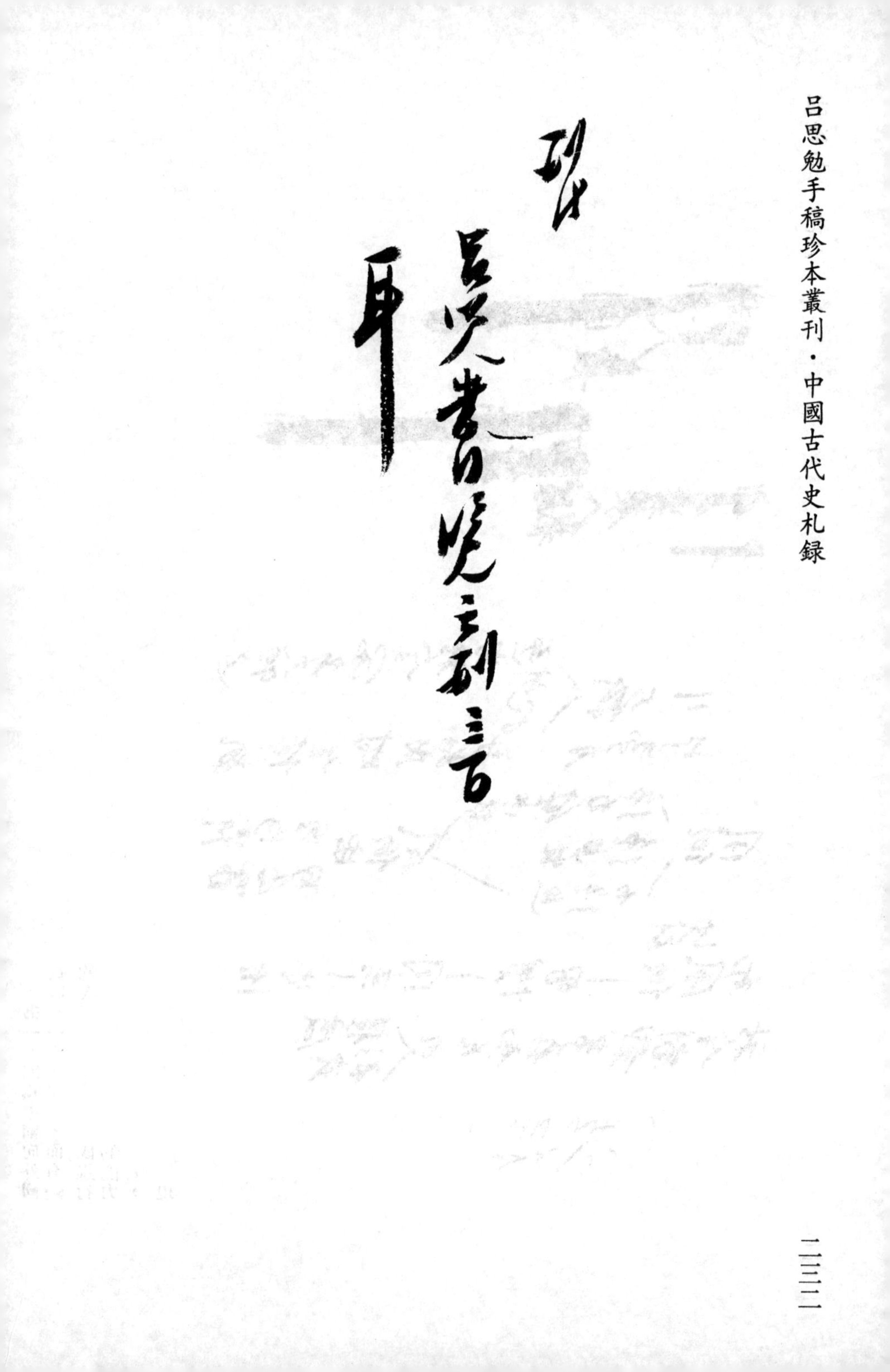

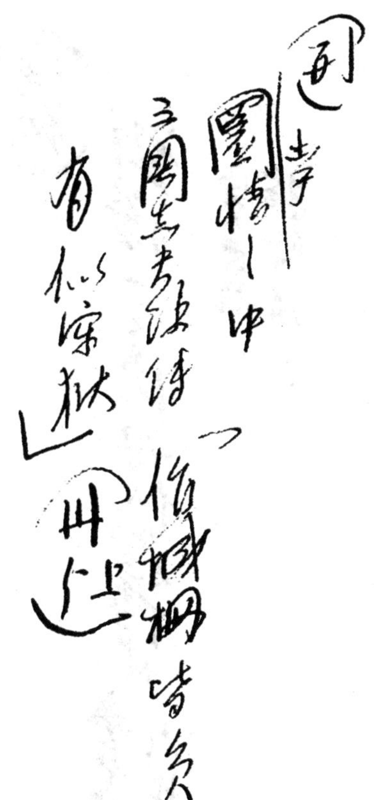

（隋紀）

劉焯十三隋母紀穆傳廿李寿傳

札叢

史事類

摘條段

法

法律不能出乎徹底哲學理論之外

法律不過條文，即隱寓衆之意見，亦恒為道德所左右

法

法律寬時警察之力恆大

以庇警察也　勉案執禁廢弛乃救之之由也

神判

占卜之習亦其類

初民社會云　司其事者亦可偏私如若以沸油澆被告之時日加寬不甚沸　亦有不服求再審判然審者亦多互相結合成為行會故多有名無實

法律

序法

法之初皆俗而已　古治人者責人守法不立法司法機關　故古不甚説

文明人僅若干習俗由人遵守餘較自由野蠻人則否其輿論制裁之力甚强衆罰無所逃故守習俗甚篤　亦其人無知識皆自謂當守　又習俗多与宗教相聯

僅有刑法民法所治之事是时無之也

法

衆惡共殺

依士企摩人爲衆所惡其人人得而殺之則殺之計先人人而詢之衆皆然之則可殺之莫敢而復仇

復仇

復仇起集合責任　文化人類學二六〇　文明國之爭戰由理

也　其意一人受害即其村群受害之之非人

亦其村群也

復仇可久而、內書亦可傳之甚久

此或以罰錢[illegible]代之

是時無訴判決其中間人只於勸解　其後乃共是非的

法庭權力大乃稍良

羣以內之爭鬥非人莫問

刑法

官刑

周官以八灋治官府 七曰官刑以糾邦治 注

玄謂官刑司寇之職五刑其四曰官刑

上能糾職

列作

大夫巡行邦國決訟

車毛付天子大夫之命其出封亦命於子男之服乘其大車檻檻服毳服以決訟 箋古者天子大夫服毳冕以巡行邦國而決男女之訟則是子男入為大夫者

法律

法之進化

社會紐帶由血統進於權力由權力進於民權

法之最高觀念由神權進於權力由權力進於國家

古兵刑不分

士 司寇 尉 皆兵官

刑法

「毋保姦（注藏罪人）毋留匿（注速去惡）」

右第十一章之盜載者

刑法

刑不上大夫

實際制裁即爲戰爭

刑法

刑法二原

一、修備　一律持秩序

刑—仇

君討臣不敢讎

「鄖公辛之弟懷將弒王曰平王殺吾父我殺其子不亦可乎辛曰君討臣誰敢讎之君命天也若死天命將誰讎」定四

刑

右袒

觀禮事畢乃右肉袒于廟門之東乃入門右北面立告聽事　注右肉袒者刑宜施於右也凡以禮事者左袒入更從右者臣蓋終之

附件

二尺四寸之律古今一也

鹽鐵論詔聖

刑法

古者傷辜

見公羊襄七鄭伯髡原　參看襄廿五吳子謁

刖足

刖者猶刖跪　刖者袴

韓非外儲說下說孔子相衛　廢召枸盗之子

刑法

淫刑

庸諸廧餘　孟子殺共廖虎比　右昭三

僇餉蹟胥　昭十一楚殺蔡侯，刑其士七十人

執而相畀

[illegible]僖廿八晉侯入曹執曹伯畀宋人

左昭廿三邾人愬於晉

漢時謂律之重者為甲令

易豐疏

民之所好並不符其所真好

韓非顯學篇末

韓非論學法

雨西蒿

法律

法經畧

吾國法律僅以不得不由人遵守之條為

限此外則務許自由野蠻否

左襄十一秋七月同盟于亳〻〻載書曰凡我同盟

〻〻〻毋保姦　注藏罪人　東山印互易罪犯

法術

韓子難三末條 又定法篇 又說疑篇

又備內篇末節 有云「上古之傳言春秋所記

犯法爲逆以成大姦者未嘗不從尊貴之臣

然而法令之所以備刑罰之所以誅常於卑

賤」

刑廿

律無問罪之罰，對假之劾

呂刑：獄成而孚，輸而孚。傳疏

刑法

逮

項羽本紀　項梁嘗有櫟陽逮

刑法

有法者以法行無法者以類舉

荀子大略

刑

宋人皆醢之 左莊十二

膊 左成二

亨伊戾 左襄廿六 亨石乞 左哀十六

有鬻踊者 左昭三

焚鄩肸 左昭廿二

盟免三死 左哀十六 十七

刑

吏呂殘子而物於殺（方昭廿）首其請於官易父烹戮于

宗成三　有案觀此書知必可殺其子

刑一卷九

敵直敵然一不共復鬬 古之文

鬬辛禁弟報讎 左定四

及齊齊桓公妻之有馬二十乘四馬爲乘八十匹也○乘繩證反注及下皆同公子安之從者以爲不可將行謀於桑下齊桓既卒知孝公不可恃故○蠶妾在其上以告姜氏姜氏殺之姜氏重耳妻恐孝公怒其去故殺妾以滅口○疏及齊至殺之○正義曰晉語云齊侯妻之甚善焉有馬二十乘將死於齊而已曰民生安樂孰知其他桓公卒孝公即位諸侯叛齊子犯知齊之不可以動而知文公之安齊有終焉之心欲行而患之與從者謀於桑下蠶妾在焉莫知其在也妾告姜氏姜氏殺之而謂公子曰子有四方之志其聞之者吾殺之矣公子曰無之姜曰行也懷與安實敗名公子不可姜與子犯謀醉而遣之醒以戈逐子犯無去志故怒○敗必邁反醒星頂反疏醒以戈逐子犯○正義曰晉語云逐子犯曰若無所濟吾食舅氏肉其知饜乎舅犯走且對曰若無所濟吾未知死所誰能與豺狼爭食若克有成公子無亦晉之柔嘉是以甘食偃之肉腥臊將焉用之遂行○

僖廿三

禁殺戮掌司斬殺戮者凡傷人見血而不以告者攘獄者遏訟者以告而誅之司猶察也察此四者告於司寇罪之也斬殺戮謂吏民相斬相殺相戮者傷人見血見血乃爲傷人耳鄭司農云攘獄者距當獄者也遏訟者遏止欲訟者也玄謂攘猶郤也郤獄者言不受也疏注司猶至受也○釋曰云司猶察也者此禁殺戮之官恒在民間私覘惡事而告於上執而與之罪也故以司爲察也知斬殺戮是吏民相斬相殺相戮者以傷民云不以告則相殺戮之等盡是不以告明是吏民自相殺戮也云傷人見血見血乃爲傷人耳者恐經傷人與見血事別傷人見血連言者是見血乃爲傷人若不見血不爲傷人也若然蹶跌折支之等不見血豈得不爲傷人乎然今言見血乃爲傷人者止爲蹉跌及刃物麗歷應見血之等不爲餘事而言先鄭云攘獄者距當獄者也後鄭不從者此經皆謂未在官司而先鄭云距獄據在官而言故不從也云遏訟者遏止欲訟者也者有人見欺犯欲向官所訟之而遏止不使去也玄謂攘猶郤也郤獄者言不受也者謂人有罪適官有文書追攝不肯受者

禁暴氏掌禁庶民之亂暴力正者撟誣犯禁者作言語而不信者以告而誅之民之好爲侵陵稱詐謾誕此三者亦刑所禁也力正以力強得正也○撟居表反好爲呼報反下文則爲下注皆爲同謾誕武諫反一音亡半反又免仙反徐望山反本或作慢誕音但疏注民之至正也○釋曰云民之好爲者此言爲下三事而發皆是好爲侵陵釋經亂暴力正者也稱詐釋經撟誣犯禁者也謾誕釋經作言語而不信者也謾誕謂浮謾虛誕也凡國聚衆庶則戮其犯禁者以徇凡奚隸聚而出入者則司牧之戮其犯禁者奚隸女奴男奴也其聚出入有所使疏凡國至禁者○釋曰云聚衆庶者謂征伐之等云凡奚隸聚而出入者謂國有煩辱之處使奚隸則有此出入而司牧之○注奚隸至所使○釋曰按司厲其奴男子入于罪隸女子入于舂槀是男子同坐爲奴天官酒人漿人之等皆名女奴爲奚五隸又是男奴故云奚隸女奴男奴

刑　法律

大傅修范武子之法以修士會之法　左成十八

焚書以安衆　左襄十

政不率法而制於心民各有心何上之有　左昭四

未改禮而又遷之　左昭五

鄭駟歂殺鄧析而用其竹刑　左定九

法律

自然權利

非國法之所生也故非其所能替也

政府所以（者）保障人權由此也　人民有革命之權利由此也

法律

自然權

一、求自衛之則必求和平，二、求和平必同意棄自然一權

相施　禮讓　禁亡術　禁相於道害

禁侮侵以冷而興

法律

國際法之原

萬民法初限於私法 帝政時代諸民族皆為羅馬市民 法遂前

中古民族復講萬民法相當實踐

然國際間僅有戰爭乃為國際關係原則 格老秀斯出後國際[illegible]戰爭■■外無法律之標準

對宗教分裂實民族意見分同 國際法出乃為共同之義國亦有權責焉

法律

自然法

物無名則人以意見之耳　自然原無然

意見物則其理性也　人人守理性則自

然法也足矣

故法律非人為之乃集知也

雖私者多循理者少故此興為法以治窮雖私者是非

以治一之循理者也

此條

國際公法

法意以理論為基國際公法無之　所據者道德觀念與已往之事實而已　十九世紀商業發達新當生之事較多也　國家主權之說大與為敵　彼謂採用與否全出自由與且為道德不為法律只有出於自願也　法之行必有強於自願之力　否採其為利於己故隨至

紛爭遂而使吾人甘蒙之口實而已

然是非之心究非全然無力　今讀國家律來

函件即見其所對適之律例　仍甘引入國際

聯合則不盡不然也

今國際之勢乃在無權過及國家的所掌之事

歸諸國際法庭等處理然將來安可有之也

至此時國際必謂國家之權之內何其不可關甚深

自然法 人定法

自然法不限時地 人定法則否

一成文法須時時以不成文法修正
法官證人之意見存焉　情勢之遷變學說
地方各自之風俗[illegible]以入於法焉　夫是非本
非不變然是以審判其名以法文為準審時
先審輿情　然法文程是非辨讞遷變不同也
勉
奉之修例以合乎時可也

原注

一國權二字經諸注之人妄也

萬民法

羅馬市民法外另治羅馬人

其與外國人、或外國人與外國人之訟訴外籍

裁判官以正義為基案與國法治當時曰萬

民法、然其義則與自然法同

法律

羅馬本已統一思想基督更視人類為同胞

法律

凡中西刑所以治人一事略無繁不一事

真適合計

原法

法先國家以社會法令爲基 國家主權更生統治之說毫無理由也

法律變遷

其原由社會實際

法律不合社會即須成廢除

法律之歷史性

是等法律自古至今之法律中出者

法犯貴

審判廳視个人及犯罪情形而決

律為人設。貴得重律之所求。不當重視律文。

原注

此非正義，陳林之說也

法貴公

予法律以威權者法律之公道

法律原稾

百種性 百戰力

素文已習慣

今所急需者統計學 思理學

法律之性質

法律乃演進之物而隨進推移

法律以造成道德
故非消極的

法律與道德

法律與道德之是否可分離

一

駁周之駁典釋重論

讀禮叢文集卷三

刑比

青廉兩設

墨寺向張天壹　文夫以西僅圍青廉

別

片刊

炮烙——當作炮格有義

據升庵老 昔甘付為之——

判刑

一 殺車輾攤

後引告文案参の精保張氏文

比刑

周曰囹圄
齊曰因諸

此猶謂刑人之地如獄

二十有一年春王三月葬蔡平公○夏晉侯使士鞅來聘○宋華亥向甯華定自陳入于

十三經注疏 公羊二十三 昭公二十一年 二十二年 三十

宋南里以畔宋南里者何若曰因諸者然因諸者齊故刑人之地公羊子齊人故以齊喻也○宋樂世心自曹入于蕭不言宋南里者略叛臣從刑人于國家尤危故重舉國○重直用反疏入于至以畔○解云左氏穀梁皆作南里字而賈氏云穀梁曰南鄙蓋所見異也○宋南里者何○解云欲言其邑而繫宋言之與蕭例異欲言非邑人之而叛與蕭相似故執不知問○注因諸至之地○解云舊說云即博物志云周曰囹圄齊曰因諸是也○注宋樂至言宋○解云即定十一年秋宋樂世心自曹入于蕭注云不言叛者從叛臣叛可知者是也何氏特引此事者正以自外而入與此相似而不繫宋故須解之○秋七月壬

文昭廿

男女陰訟稱平讀書之辭手自考證

十三經注疏卷內三

要與人處久之文

十三經注疏　一　十七

樂記武王即位乃分周公左召公右爲二伯文王之時不審召公何得爲伯荅曰甘棠之詩召伯自明誰云文王與紂之時乎是鄭以此篇所陳巡民決訟皆是武王伐紂之後爲伯時事鄭知然者以經云召伯即此詩召公爲伯時作也序言召伯文與經同明所美亦是爲伯時也若文王時與周公共行王化有美即歸之於王行露直言召伯聽訟不言美也詩人何得感文王之化而曲美召公哉武王之時召公爲王官之伯故得美之不得繫之於王因詩繫召公故錄之在召南論卷則摠歸文王指篇即專美召伯也爲伯分陝當云西國言南者以篇在召南爲正耳

蔽芾甘棠勿翦勿伐召伯所茇

蔽芾小貌甘棠杜也翦去伐擊也箋云茇草舍也召伯聽男女之訟不重煩勞百姓止舍小棠之下而聽斷焉國人被其德說其化思其人敬其樹○蔽必袂反徐方四反又方計反沈又音必芾非貴反徐方蓋反翦子踐反韓詩作箋初簡反茇蒲曷反徐又扶蓋反說文作废去羌呂反斷丁亂反被皮寄反說音悅

疏 蔽芾至所茇○正義曰國人見召伯止舍棠下決男女之訟今雖身去尚敬其樹言蔽芾然之小甘棠勿得翦去勿得伐擊由此樹召伯所嘗舍於其下故也○傳蔽芾至草舍○正義曰此比於大木爲小故其下可息我行其野云蔽芾其樗箋云樗之蔽芾始生謂樗葉之始生形亦小也釋木云杜甘棠郭璞曰今之杜棃又曰杜赤棠白者棠舍人曰杜赤色名赤棠白者亦名棠然則其白者爲棠其赤者爲杜杕杜傳曰杜赤棠是也茇草舍者周禮仲夏教茇舍注云舍草止也軍有草止之法然則茇者草也草中止舍故云茇舍載馳傳曰草行曰跋以其對涉是水行故以跋爲草行且跋字從足與此異也○箋召伯至其樹○正義曰定本集注於注內竝無箋云知聽男女訟者以此舍於棠下明有決斷若餘國政不必於棠下斷之故大車刺周大夫言古者大夫出聽男女之訟明王朝之官有出聽男女獄訟之理也且下行露亦召伯聽男女之訟以此類之亦男女之訟可知武王時猶未刑措寧能無男女之訟

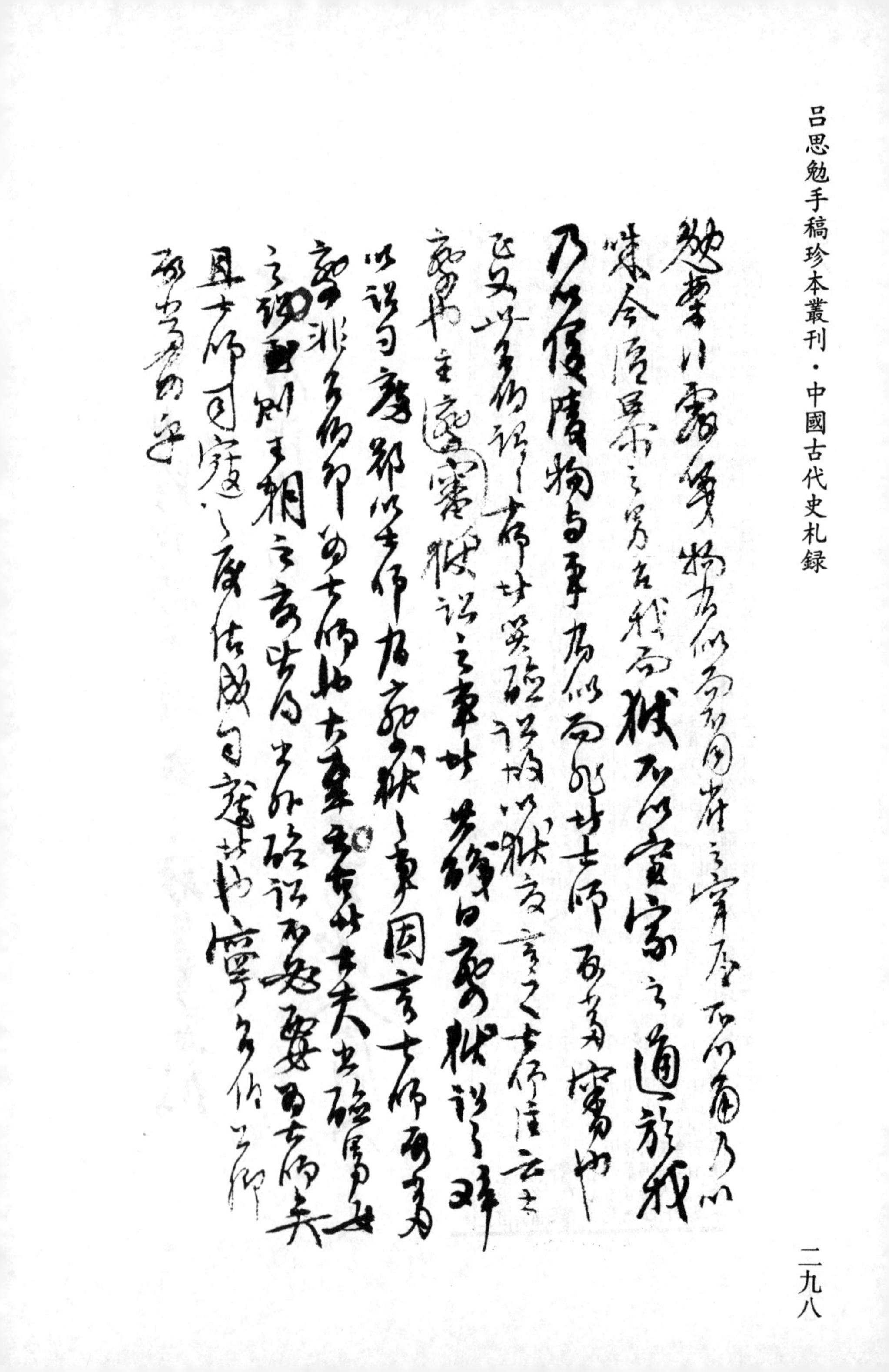

[illegible]

子言之仁者天下之表也義者天下之制也報者天下之利也報謂禮也禮尚往來子曰以德報德則民有所勸以怨報怨則民有所懲懲謂創艾。懲直陵反創初亮反又初良反乂或又作艾魚廢反皇魚蓋反詩曰無言不讎無德不報讎猶答也。讎音酬大甲曰民非后無能胥以寧后非民無以辟四方大甲湯孫也書以名篇胥相也民非君不能以相安。大音泰下注同無能胥以寧尚書作罔克胥匡以生辟音璧君也子曰以德報怨則寬身之仁也以怨報德則刑戮之民也寬猶愛也愛身以息怨非禮之正也仁亦當言民聲之誤。戮音六本又或作僇音同

疏　子言至無失。正義曰此一節摠明仁義之事各隨文解之以其與上別端故更稱子言之。仁者天下之表也表謂儀表言仁恩是行之盛極故爲天下之儀表也。義者天下之制也義宜也制謂裁斷既使物各得其宜是能裁斷於事也。報者天下之利也者報謂禮也禮尚往來相反報物得其利故云天下之利也。詩曰無言不讎無德不報者此詩大雅抑之篇刺厲王之詩引之者證經相報之義。大甲曰民非后無能胥以寧后非民無以辟四方者此尚書大甲之篇大甲湯孫大丁之子湯崩大甲立伊尹作書訓之故云大甲后君也胥相也伊尹言民若無君無能相匡正以自安居也君若無民無以君領四方引之者證君之與臣上下各以其事相報是相報荅之義也故引以結之。子曰以德報怨則寬身之仁也言子曰者廣明以禮相報之義寬身之仁者若以直報怨是禮之當也今以德報怨但是寬愛已身之民欲苟息禍患非禮之正也。以怨報德則刑戮之民也者禮當以德報德今以怨報德其人凶惡是合刑戮之民也

周

甚古

有此居自迴舞以西種共為最甚

欽四鄰庶頑讒說若不在時四近前後左右之臣勑使敬其職衆頑愚讒說之人若所行不在於是而爲非者當察之侯以明之撻以記之當行射侯之禮以明善惡之教笞撻不是者使記識其過。撻他末反又他達反笞勑疑反書用識哉欲並生哉書識其非欲使改悔與共並生工以納言時而颺之工樂官當誦詩以納諫當是正其義而颺道之。颺音揚格則承之庸之否則威之天下人能至于道則承用之任以官不從教則以刑威之。否方有反徐音鄙任汝鴆反

疏 帝曰臣至威之。正義曰帝以禹然己言又說須臣之事作我股肱耳目言己動作視聽皆由臣也我欲助我所有之人使之家給人足汝當翼贊我也我欲布陳智力於天下四方爲立治之功汝等當與我爲之我欲觀示君臣上下以古人衣服之法象其日月星辰山龍華蟲作會合五采而畫之又畫山龍華蟲於宗廟彝罇其藻火粉米黼黻於絺葛而刺繡以五種之彩明施於五色制作衣服汝當爲我明其差等而制度之我欲聞知六律和五聲播之於八音以此音樂察其政治與忽怠者其樂音又以出納五德之言汝當爲我聽審之我有違道汝當以義輔成我汝無得知我違非而對面從我退而後更有言云我不可輔也既言其須臣之力乃總勑之敬其職事哉汝在我前後左右四旁鄰近之臣也其衆類頑愚讒說之人若有所行不在於是而爲非者汝當察之以法行射侯之禮知其善惡以明別之行有不是者又撻其身以記之書其過者以以識所以撻之書之者冀其改悔欲與並生活哉工樂之官以納諫言於上當是正其義而颺揚之使我自知得失也又揔言御下之法天下之人有能至於道者則當承受而進用之當任以官也不從教者則以刑罰威之當罪其身也此等皆汝臣之所爲

史刑

能用子家所以見辱○著中署反一音直署反晉祁勝與鄔臧通室二子祁盈家臣也通室易妻○祁巨支反字林云太原縣上戸反鄔舊音烏戸反又音偃案地名在周者烏戸反隱十一年王取鄔劉是也在鄭者音偃成十六年戰于鄢陵是也在楚者於建反又音偃昭十三年王沿夏將入鄢是也在晉者於庶反字林乙袪反郭璞三倉解詁音厥於庶反闕駰音厭飫之飫重言之太原有鄔縣唯周地者從烏餘皆從焉字林亦作鄥音同傳云分祁氏之田以為七縣司馬彌牟為鄔大夫即太原縣也鄔臧宜以邑為氏於炎反舊音誤祁盈將執之盈祁午之子訪於司馬叔游叔游司馬叔侯之子叔游曰鄭

十三經注疏　春秋左傳五十二　昭公二十八年　十二

書有之惡直醜正實蕃有徒鄭書古書名也言害正直者實多徒衆○惡如字又烏路反蕃音煩疏○惡直至有徒○正義曰以直為惡以正為醜惡直事醜正道如此人者實蕃多有徒衆言時世慕善者多從惡者少無道立矣子懼不免言世亂讒勝詩曰民之多辟無自立辟詩大雅○多辟本又作僻匹亦反立辟婢亦反疏詩曰至立辟○正義曰詩大雅板之篇刺厲王之詩辟邪也辟法也民之多有邪辟者於此之時無自謂所立者為法是言無道之世法不可為古辟辟字同音異耳姑已若何姑且也已止也盈曰祁氏私有討國何有焉言討家臣無與國事○無與音預遂執之祁勝賂荀躒荀躒為之言於晉侯晉侯執祁盈以其傳戮為于偽反祁盈之臣曰鈞將皆死鈞同也疏鈞將皆死正義曰鈞同也殺勝與臧盈亦死不殺盈亦死同將皆死不如殺之使盈聞而快意憖使吾君聞勝與臧之死也以為快憖發語之音○憖魚覲反乃殺之夏六月晉殺祁盈及楊食我楊叔向邑食我叔向子伯石也○食音嗣向許丈反食我祁盈之黨也而助亂故殺之遂滅祁氏羊舌氏

昭廿八

大司寇之職掌建邦之三典以佐王刑邦國詰四方典法也詰謹也書曰王耗荒度作詳刑以詰四方○詰起吉反耗莫報反度待洛反疏大司至四方○釋曰大司寇云佐王刑邦國詰四方不言刑王國詰畿内者王官不嫌不刑詰在内故舉外以見内也大宰云以六典治邦國今此更言建三典者彼六典自是六官之典此三典是刑之三典與彼别故司寇别施之○注典法至四方○釋曰典法也案大宰注云典法則所用異異其名也故云典法也引書者呂刑篇文呂侯訓夏贖刑王耄荒度作詳刑以詰四方謂周穆王老耄亂荒忽猶能用賢量度詳審之刑以詰謹四方引之者證詰爲謹義也一曰刑新國用輕典新國者新辟地立君之國用輕法者爲其民未習於教○爲于僞反疏注新國至於教○釋曰云新國者新辟地立君之國者謂若世衰夷狄内侵國君誅滅聖人後作日辟國百里旣攘夷狄國空無主民不獨治須立君化之則是新辟地立君之國者也[illegible]使之相保相受[illegible]罰慶賞相及在康誥曰父不慈子不孝兄不友弟不恭不相及[illegible]

十三經注疏　周禮三十四　秋官司寇　四

達指趣荅曰族師之職周公新制禮使民相拱勑之法康誥之時周法未定天下又新誅三監務在尚寬以安天下先後量時各有云爲乃謂是錯也若然言周公之時未定天下即是新國更云新誅三監假令周法先定新誅之國亦是新國故此云新辟地立君也二曰刑平國用中典平國承平守成之國也用中典者常行之法疏注平國至之法○釋曰云平國承平守成之國也者謂先君受封後君承前平安守持成立之國民已被化則用常行之法以治之三曰刑亂國用重典亂國篡弒叛逆之國用重典者以其化惡伐滅之○篡初患反弒音試本亦作弒疏注亂國至滅之○釋曰云亂國篡弒叛逆之國者謂若州吁篡國崔杼弒君臧紇叛魯此皆逆亂之國如此之國民起惡心故於常法之外爲惡者則當伐滅之也

社

刑法

○天子居青陽大廟乘鸞路駕倉龍載青旂衣青衣服倉玉

食麥與羊其器疏以達 青陽大廟東堂當大室○ 是月也安萌牙養幼少存諸孤 助生氣也少詩召反○ 擇元日命民

社 社后土也使民祀焉神其農業也祀社日用甲 命有司省囹圄去桎梏毋肆掠止獄訟 順陽寬也省減也囹圄所以禁守繫者若今別獄矣桎梏今械也在手曰梏在足曰桎肆謂死刑暴尸也周禮曰肆之三日掠謂掠治人○省所景反注同徐所幸反囹音零圄魚呂反圄今之獄去羗呂反桎音質今之械也梏古毒反今之杻也掠音亮考捶械戶戒反暴步卜反捶之蘂反○

疏 是月至獄訟○正義曰此一節論助其生氣止其獄刑自玄鳥至之日至高禖之前論天子親祭高禖妃嬪從行之事故更云是月也自日夜分至正權概論日夜既分雷聲將發婦人須戒其容止度量須審正平均故更云是月自耕者少舍至以妨農事論耕者少舍脩理門闔無爲大事以致妨農故更云是月自毋竭川澤云順陽養物至開冰釋菜習舞入學習樂摠是助陽鼓動其物故更云是月自祀不用犧牲以下論季春犧牲將合與上事殊故別云是月各依文解之○注社后至用甲○正義曰后土者五官之后土即社神也與左傳僖十五年云君履后土者別也但句龍爲配社之人又爲后土之官也云祀社日用甲者解經元日也按郊特牲云祀社日用甲用日之始也召誥戊午乃社于新邑用戊者周公告營洛邑位成非常祭也○注囹圄至治人○正義曰云囹圄所以禁守繫者若今別獄矣者蔡云囹牢也圄止也所以止出入皆罪人所舍也崇精問曰獄周曰圜土殷曰羑里夏曰均臺囹圄何代之獄焦氏荅曰月令秦書則秦獄名也漢曰若盧魏曰司空是也云在手曰梏在足曰桎者按掌囚云上罪梏拲而桎拲爲在手梏與拲連文故知梏亦在手則桎在足也易大畜六四童牛之梏泠剛問云牛四足何以稱梏鄭荅云牛無手前足施梏也云肆謂死刑暴尸者肆陳也謂陳尸而暴之故周禮鄉士縣士皆肆之三日然春陽既動理無殺人何得更有死尸而禁其陳肆者蓋是大逆不孝罪甚之徒容得春時殺之殺則埋之故禁其陳肆。

月令仲春

予曰夫民教之以德齊之以禮則民有格心教之以政齊之以刑則民有遯心格本也遯逃也○格古伯反遯徒遜反亦作遁故君民者子以愛之則民親之信以結之則民不倍恭以涖之則民有孫心涖臨也孫順也○倍音佩下注同涖音利又音類孫音遜注同甫刑曰苗民匪用命制以刑惟作五虐之刑曰法是以民有惡德而遂絕其世也甫刑尚書篇名匪非也命謂政令也高辛氏之末諸侯有三苗者作亂其治民不用政令專制御之以嚴刑乃作五虐蚩尤之刑以是爲法於是民皆爲惡起倍畔也三苗由此見滅無後世由不任德○蚩尺之反畔本或作叛俗字非也任而鴆反【疏】予曰至世也○正義曰此一節明教民以德不以刑也○則民有格心者格來也君若教民以德整民以禮則民有歸上之心故論語云有恥且格○甫刑曰苗民匪用命者此尚書呂刑之篇也甫侯爲穆王說刑故稱甫刑匪非也言苗民匪用命者命謂政令言苗民爲君非用政令以教於下○制以刑者言制御於下以嚴刑○唯作五虐之刑曰法者言唯作蚩尤五種虐刑自謂爲法○是以民有惡德者以此之故民皆有怨惡之德起倍叛之心而遂絕其世也者言三苗不任德遂被誅而絕其世也○注甫刑至任德○正義曰此甫刑尚書呂刑也而行甫刑者案孝經序云春秋有呂國而無甫侯但孝經序未知是鄭作以不案春秋實無甫侯國語云申呂雖衰齊許猶在又云齊許申呂皆由大姜然則呂則甫也案孔注尚書呂侯後爲甫侯故穆王時謂之呂侯周宣王及平王之時爲甫侯故詩崧高云生甫及申謂宣王時也揚之水不與我戍甫謂平王時也則孔氏義爲是鄭或同之云高辛氏之末諸侯有三苗者作亂案鄭注呂刑云苗民謂九黎之君也九黎之君於少昊氏衰而棄善道上效蚩尤重刑必變九黎言苗民者有苗九黎之後顓頊代少昊誅九黎分流其子孫爲居於西裔者三苗至高辛之衰又復九黎之君惡堯興又誅之堯末又在朝舜時又竄之後王深惡此族三生凶惡故著其氏而謂之民民者冥也言未見仁道以此言之三苗是九黎之後九黎於少昊之末而爲亂三苗於高辛氏之末又爲亂故此注云高辛以呂刑於此苗民之下云皇帝清問下民又云乃命三后三后謂伯夷之等故以皇帝爲帝堯又以苗民爲高辛氏之末也鄭以九黎爲苗民先祖但上學蚩尤之惡非蚩尤子孫孔注尚書以爲九黎卽蚩尤也三苗則非九黎之子孫與鄭異○

所云不中度之類是在上者不中數不中量姦色亂正色是在商者不時及未熟是在農者此等亦兼有在賈者故云亦其類也云於四十入則未聞數十二者王制之文從用器為一兵車為二布三帛四姦色五五穀六果實七木八禽九獸十焉十一禽十二是聞之十二矣於四十入則未聞三十六故云未聞數十二也

市刑小刑憲罰中刑徇罰大刑扑罰其附于刑者歸于士 徇舉以示其地之衆也扑撻也鄭司農云憲罰播其肆也故書附為柎杜子春云當為附○柎劉方符反沈音附 疏 市刑至于士○釋曰附於刑者歸於士者此刑各有所對言之市刑雖輕亦名為刑若對五刑則五種者為刑故云附於刑歸於士士謂秋官士師鄉士遂士之屬其人屬彼者各歸之使刑官斷之也○注徇舉至為附○釋曰徇舉以示其地之衆也者徇者徇列之名故知舉其人以示其地肆之衆使衆為戒也云扑撻也者大射云司射搢扑尚書云扑作教刑皆是笞撻為扑故云扑撻也先鄭云憲罰播其肆也者憲是表顯之名徇既將身以示之則此憲是以文書表示於肆若布憲之類也

國君過市則刑人赦夫人過市罰一幕世子過市罰一帟命夫過市罰一蓋命婦過市罰一帷 謂諸侯及夫人世子過其國之市大夫內子過其都之市也市者人之所交利而行刑之處君子無故不遊觀焉若遊觀則施惠以為說也國君則赦其刑人夫人世子命夫命婦則使之出罰異尊卑也所罰謂憲徇扑也必罰幕帟蓋帷市者衆也此四物者在衆之用也此王國之市而說國君以下過市者諸侯之於其國與王同以其足以互明之○幕劉音莫帟音亦觀古亂反下同或音官為說如字解說也吾如銳反 疏 注謂諸至明之○釋曰云大夫內子者大夫中含有卿內子卿之妻含大夫之妻命婦也故經云命婦注云內子也若然此經大夫命婦是諸侯科中不見天子卿大夫則天子卿大夫與諸侯卿大夫及命婦亦是互見為義也云所罰謂憲徇扑也者其憲徇刑之輕者而赦之使出帷幕蓋帟之物者出物雖重而無恥於憲徇雖輕而有愧故以出物為輕也案幕人云掌供帷幕幄帟綬帷幕用布幄帟用繒在上曰幕在旁曰帷帟承塵其蓋當是於□中障暑雨之蓋未必是輪人所作蓋弓二十有八在車者也云諸侯之於國與王同以其足以互明之者此王國之市若直見王后世子過市則不見諸侯已下今以王國之市而見諸侯已下過市足得互見王已下過市故云互明之也

刑

胥師各掌其次之政令而平其貨賄憲刑禁焉○憲長縣之○縣音玄疏胥師至禁焉○釋曰案序官云胥師二十肆則一人故云各掌其次之政令云憲刑禁焉者刑謂市中之刑憲徇扑禁謂市中之禁謂司當時設禁令非士師五禁也鄭云憲謂表縣之則經憲非爲憲徇扑之憲察其詐僞飾行儥慝者而誅罰之鄭司農云儥賣也慝惡也謂行且賣姦僞惡物者玄謂飾行儥慝謂使人行賣惡物於市巧飾之令欺誑買者○行下孟反慝他得反巧苦教反又如字令力呈反下文同疏注鄭司至買者○釋曰鄭云儥賣也者此經云飾行儥慝明儥爲賣不得爲買上文每云賣儥儥不得爲買故爲買是鄭望文爲義故不定也先鄭云謂行且賣姦僞惡物以且問之則行是行步之行不爲行濫之行故後鄭不從以爲行濫解之聽其小治小訟而斷之○治直吏反下之治同斷丁亂反疏聽其至斷之○釋曰上司市已云胥師賈師涖於介次而聽小治小訟上總言之此止當職故申敘之也

胥師各掌次之政令

聽小治小訟

平貨賄

表

憲—表縣—刑禁

司虣掌憲市之禁令禁其鬬嚻者與其虣亂者出入相陵犯者以屬遊飲食于市者嚻讙也鄭司農云以屬遊飲食羣飲食者。嚻五羔反又許驕反讙音歡疏注嚻讙至食者。釋曰此屬遊飲食謂聚而羣遊飲食者禁之若不羣遊則得飲若不可禁則搏而戮之。搏音博下同

司稽掌巡市而察其犯禁者與其不物者而搏之不物衣服視占不與衆同及所操物不如品式○操七曹反疏注不物至品式釋曰案大司徒民當同衣服今有人衣服不與衆人同又視占亦不與衆人同及所操物不如品式此皆違禁之物故搏之也

掌執市之盜賊以徇且刑之○徇辭俊反疏掌執至刑之釋曰上司市市中之刑無過憲徇扑附於刑者歸於士此掌執市之盜賊以徇且刑之亦無過小盜徇扑而已故云以徇且刑之若直徇者不必有刑其刑者必徇故徇刑兩言之也

胥各掌其所治之政執鞭度而巡其前掌其坐作出入之禁令襲其不正者作起也坐起禁令當市而不得空守之屬故書襲爲習杜子春云當爲襲謂掩捕其不正者疏胥各至正者○釋曰案序官胥二肆則一人故亦云各掌其所治之政則一人掌二肆者也云執鞭度而巡其前者此鞭度亦如上文守門者謂以殳爲鞭而量物也○注作起至正者○釋曰杜子春從襲不從古書胥者胥是胥學之胥襲是掩襲之義故從襲是以左氏公羊皆有不聲鍾鼓爲襲是掩其不備也凡有罪者撻戮而罰之罰之使出布疏注罰之使出布○釋曰此罰布即上廛人職云罰布一也故彼注云罰布者犯市令之布也

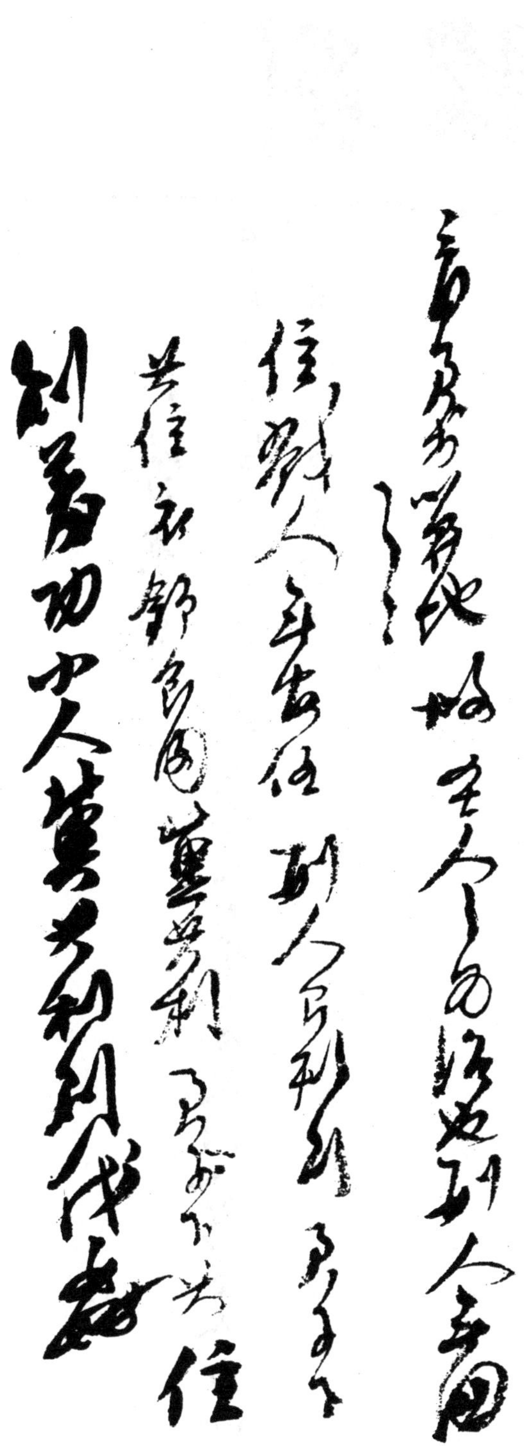

御家有奄人

左襄廿七崔子懼而出其衆皆逃求人使駕不得使圉人駕寺人御而出注云寺人奄士

閽不同齊于人

獲俘爲以爲閽

年于宋衎自前即位及後復歸凡與魯九同盟劉炫以爲杜云四同盟者誤今知不然者以其與成公三盟不數五年盟戚經不書不數七年林父是大夫又特共魯盟亦不數故爲四同盟也劉不尋此理而規杜過非也○閽弑吳子餘祭。閽守門者下賤非士故不言盜○閽音昏弑申志反祭側界反疏注閽守至言盜正義曰周禮閽人王宮每門四人鄭玄云閽人司昏晨以啓閉者刑人墨者使守門既服墨刑使之守門是下賤人也哀四年盜殺蔡侯申此爲下賤非士故不言盜也穀梁傳曰（不稱名姓閽不得齊於人不稱其君閽不得君其君也）○吳人伐楚

襄廿九　襄廿九

十三經注疏　春秋左傳三十九　襄公二十九年　十九

獲俘焉以爲閽使守舟吳子餘祭觀舟閽以刀弑之。言以刀明近刑人○近附近之近

放奔叛

○晉宣元

放其大夫胥甲父于衞放者受罪黜免宥之以遠○宥音又【疏】注放者至以遠○正義曰舜典云流宥五刑孔安國云以流放之法寬五刑是放者有罪當刑而不忍刑之寬其罪而放棄之也三諫不從待放而去者彼雖無罪君不用其言任令自去亦是放棄之義放之與奔俱是去國而去情小異釋例曰奔者迫窘而去逃死四鄰不以禮出也放者受罪黜免宥之以遠也臣之事君三諫不從有待放之禮故傳曰義則進否則奉身而退迫窘而出奔及以禮見放俱去其國故傳通以進爲文仲尼脩春秋又以所稱爲優劣也言優劣者放者君命其罪緩步而出是其優也奔者止則懼死奔馳而去是其劣也昭八年楚人執陳公子招放之于越哀三年蔡人放其大夫公孫獵于吳與此胥甲父等皆甘心受罪黜其官位宥之以適遠方是實放而書放也襄二十九年傳稱齊公孫蠆公孫竈放其大夫高止於北燕書曰出奔罪高止也高止好以事自爲功且專故難及之彼罪高止故實放而書奔也然則文十四年傳稱宋高哀不義宋公而出遂來奔高哀無罪亦改放而書奔者放者緣遣者之意爲義奔者指去國之人立文據其所往之處皆是從外來耳高哀身來至魯自魯而稱來奔不書宋人之意故不得言放此乃外內之文異耳放者以地適他稱放入魯則稱來奔亦此之類也○公會齊侯于平州平州齊地在泰山牟縣西○牟亡侯反○公子遂如齊○六月齊人取濟西

○衞孔圉取大子蒯聵之姊生悝孔圉孔文子也蒯聵姊孔伯姬○圉魚呂反蒯苦怪反聵魚怪反悝苦回反孔氏之豎渾良夫長而美孔文子卒通於內通伯姬○渾戶門反長丁丈反又如字大子在戚孔姬使之焉使良夫詣大子所○使之所吏反又如字大子與之言曰苟使我入獲國服冕乘軒三死無與冕大夫服軒大夫車三死死罪三○無與音預與之盟爲請於伯姬良夫爲大子請

罪

銜枚氏下士二人徒八人銜枚止言語嚻讙也枚狀如箸橫銜之爲之繣結於項○嚻五高反一音許驕反下同讙音歡箸直慮反繣戶卦反又胡麥反疏注銜枚至於項○釋曰在此者案其

職云大祭祀令禁無嚻亦是禁戒之事故在此也云狀如箸橫銜之爲之繣結於項者繣謂以組爲之繫著兩頭於項後結之

十三經注疏　周禮三十七　秋官司寇下　二千

銜枚氏掌司嚻察嚻讙者爲其聒亂在朝者之言語○嚻五羔反下同讙呼丸反朝直遥反下同疏注察嚻至言語○釋曰以銜枚不得語是止讙嚻之官故掌司察嚻讙之事國之大祭祀令禁無嚻令令主祭祀者疏注令令主祭祀者○釋曰國之大祭祀謂天地宗廟令主祭祀之官使禁止無得讙嚻讙嚻則不敬鬼神故也軍旅田役令銜枚爲其言語以相誤疏注爲其至相誤○釋曰軍旅田役二者銜枚氏出令使六軍之士皆銜枚止言語也禁嘂呼歎嗚於國中者行歌哭於國中之道者爲其惑衆相感動嗚吟也○嘂音叫吟魚今反疏注爲其至吟也○釋曰此經四事皆是在道爲之爲其惑衆釋嘂呼歌也相感動解歎嗚與哭也云嗚吟也者以嗚與歎相連則嗚是歎之類故知嗚吟也

刑

大戴(五)2下(九)3上(十三)6下

刑

所謂逗耕而食，饔飧而治也。有所召呼，刻木爲信。邑落傳行，雖無文字，而部衆不敢違犯。殊足見其風俗之淳。其約法：違大人言者，罪至死。盜不止死。若相賊殺者，令部落自相報，不止，詣大人告之。有罪者聽出馬牛羊以贖死，其自殺父兄則無罪。若亡畔爲大人所捕者，邑落不內受之。徙逐於雍狂之地，沙漠之中，其土多蝮蛇，在丁令東南、烏孫西北焉。

（盗）者同居之者以刃人殺夫人ヲ亦罰一等

殺子孫之者罰一等帝令孝之者罰一等令一

猶之者罰一條

（迷）者廿人ヲ殺死ニ刑罰刑ノ如人ノ習ニ年限ヲ不拘遠流ニ可

處之遣觀刑施重此外ニ設也

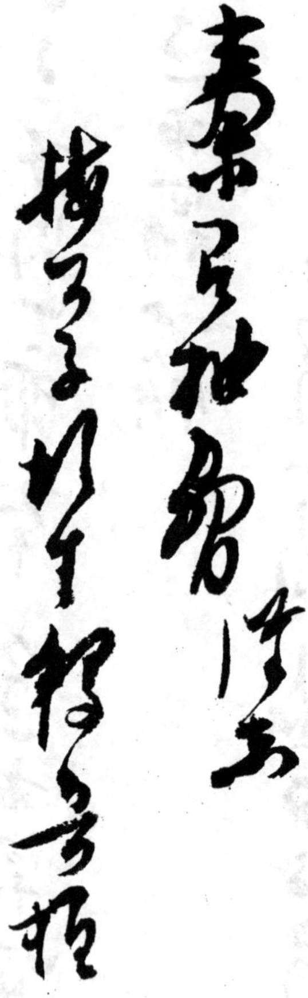

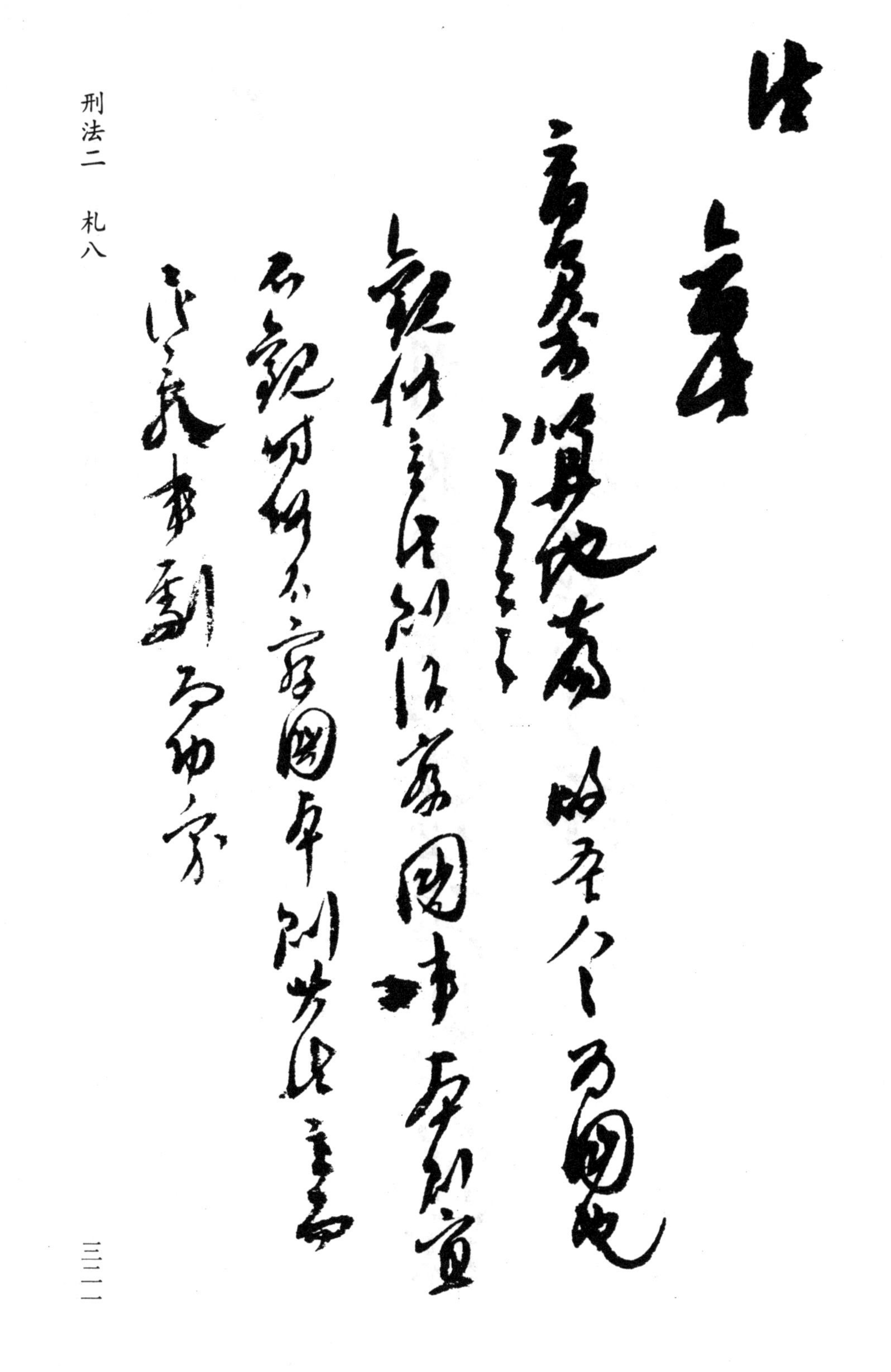

刑

國策（五）8上（廿）3上7上（18）3上（19）7上下

（廿一）6上（廿五）4下

（菲　屨）

（荀子正論）菲屨去纆（楊注）屨𦃇傳寫與序義

同，即謂菲屨也。謂刑徒之人（以錢給相當）屨也

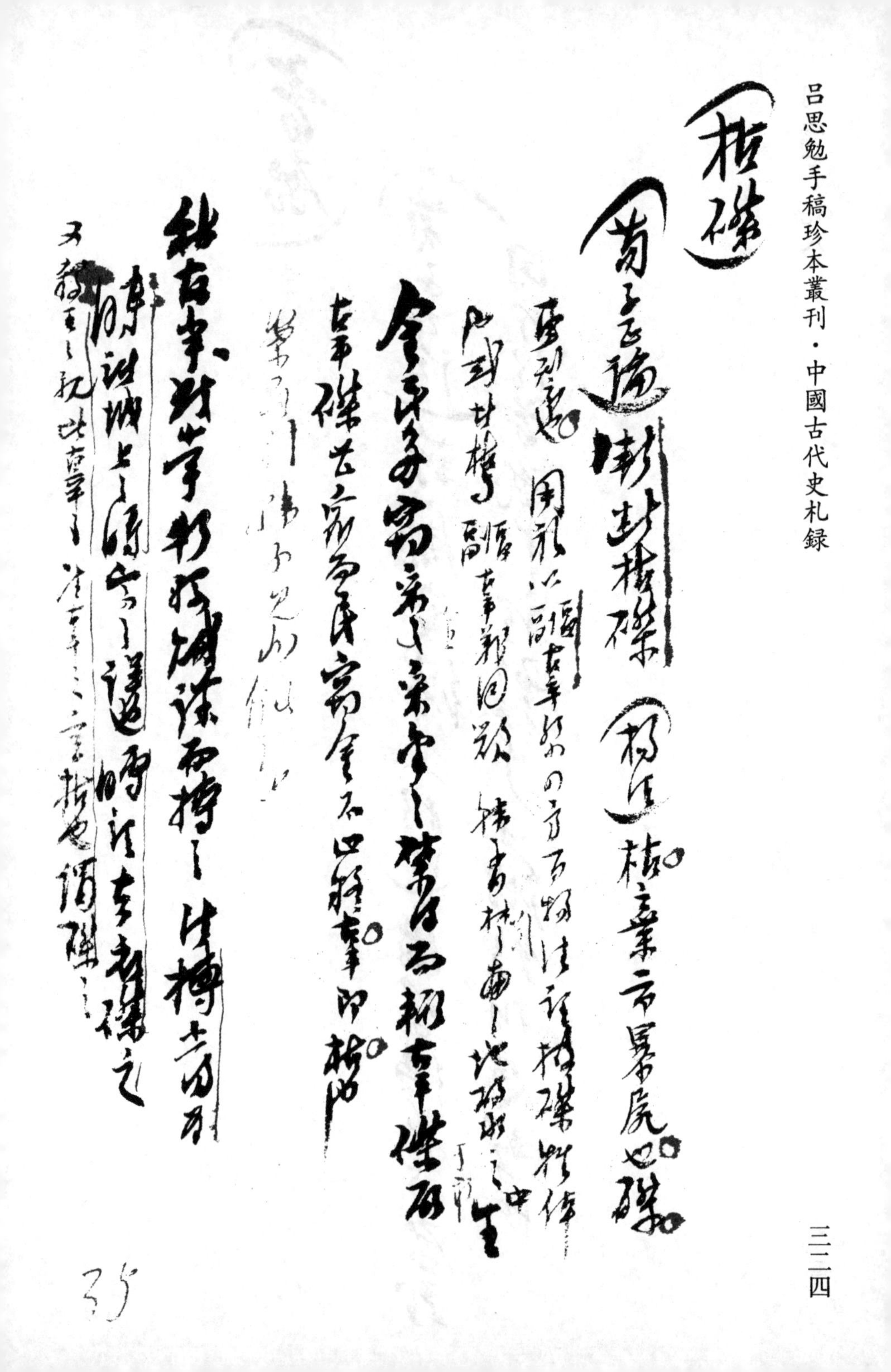

傳二年春齊侯伐我北鄙圍龍（龍魯邑在泰山博縣西南）頃公之嬖人盧蒲就魁門焉（攻龍門也○頃音傾嬖必計反魁苦回反）龍人囚之齊侯曰勿殺吾與而盟無入而封（封竟○竟音境）弗聽殺而膊諸城上（膊磔也○膊普各反磔陟百反）【疏】注膊磔也○正義曰周禮掌戮掌斬殺賊諜而搏之鄭玄云搏當為膊諸城上之膊字之誤也膊謂去衣磔之方言云膊曝也齊侯親鼓士陵城三日取龍遂南侵及巢丘（取龍侵巢丘不書其義未聞）【疏】注取龍至未聞○正義曰外取內邑非魯之罪無所可諱而此獨不書故杜云其義未聞賈逵云殺盧蒲就魁不與齊盟以亡其邑故諱不書耳案楚子滅蕭嬰齊入莒皆殺楚人而經不變文以加罪

左成二

周官

刑官

大寇　卿人

小寇　中大夫二

士師　下大夫四

鄉士　上士八　中士十六　下士卅二　掌國中

遂士　中士十二　掌四郊

縣士　掌野

方士　掌都家

訝士　掌四方之獄訟

注

主六鄉之獄　距王城百里內　六鄉之獄在國中

主六遂之獄　距王城百里以外至二百里　六遂之獄在四郊

地距王城二百里以外至三百里曰野　三百里以外至四百里曰縣　四百里以外至五百里曰都

主四方都家之獄　都，王子弟及公卿大夫之采地

小都在縣地　家邑在稍地

大都　在畺

鄉士掌國中，各掌其鄉之民數而糾戒之，聽其獄訟，察

其辭，辨其獄訟，異其死刑之罪而要之　注要之[illegible]為其罷之而辭

[illegible]新矣　旬而職聽于朝　司寇聽之，斷其獄，弊其訟

於朝，群士司刑皆在，各麗其法，以議獄訟之

鄉士掌國中　協日刑殺　肆之三日　若欲免之則王

會其期　[illegible]

遂士掌四郊　二旬而職聽于朝　協日就郊而刑殺

各于其遂肆之三日　三公會其期

縣士掌野　三旬而職聽于朝　各就其縣　[illegible]六卿會其期

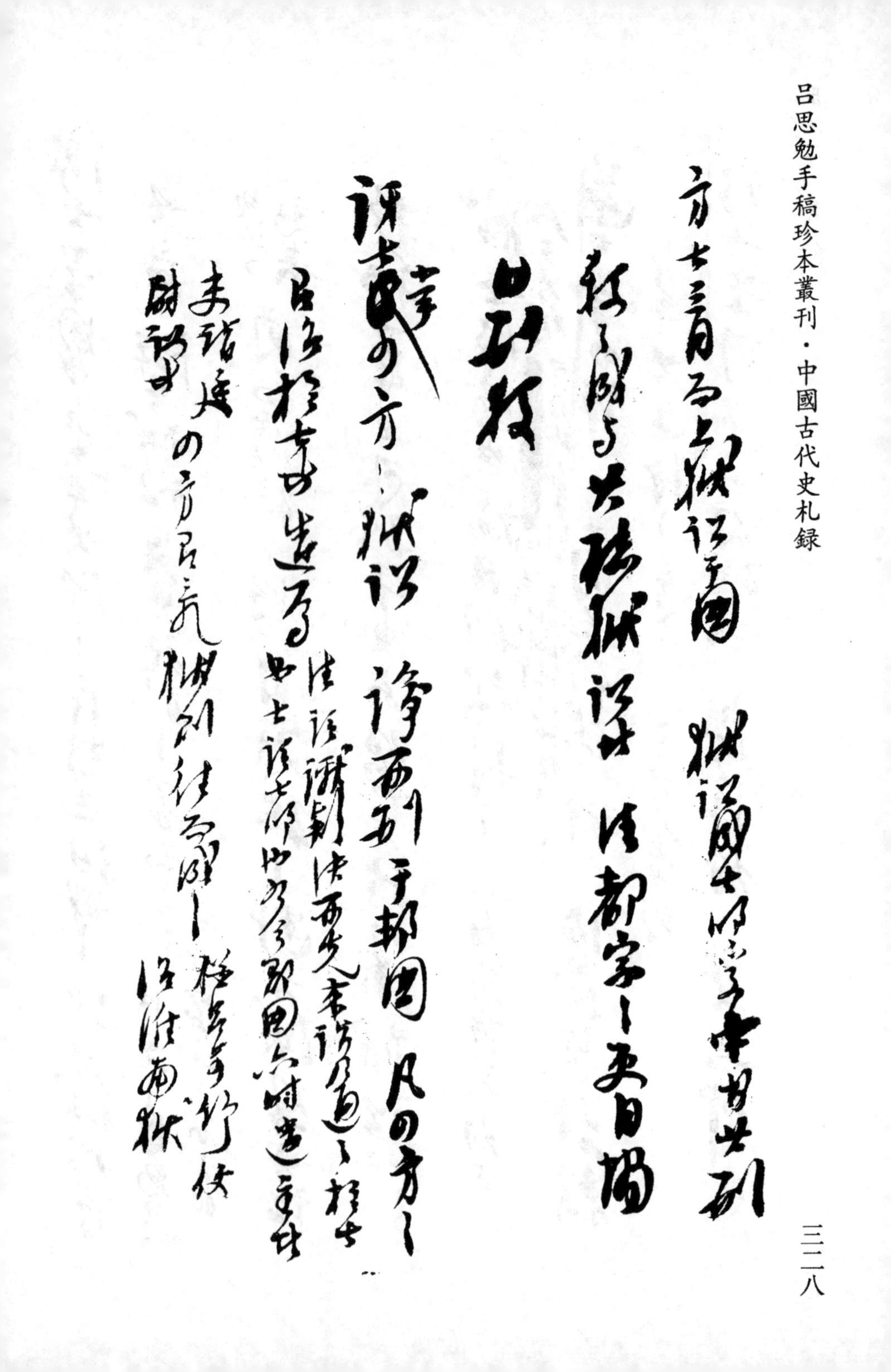

方士爲亡秦之讖圖　讖緯[illegible]

[illegible]讖緯　法[illegible]

出於經

讖緯之方士讖緯　讖[illegible]列于郡國　凡之方士

[illegible]

[illegible]

[illegible]

[illegible]

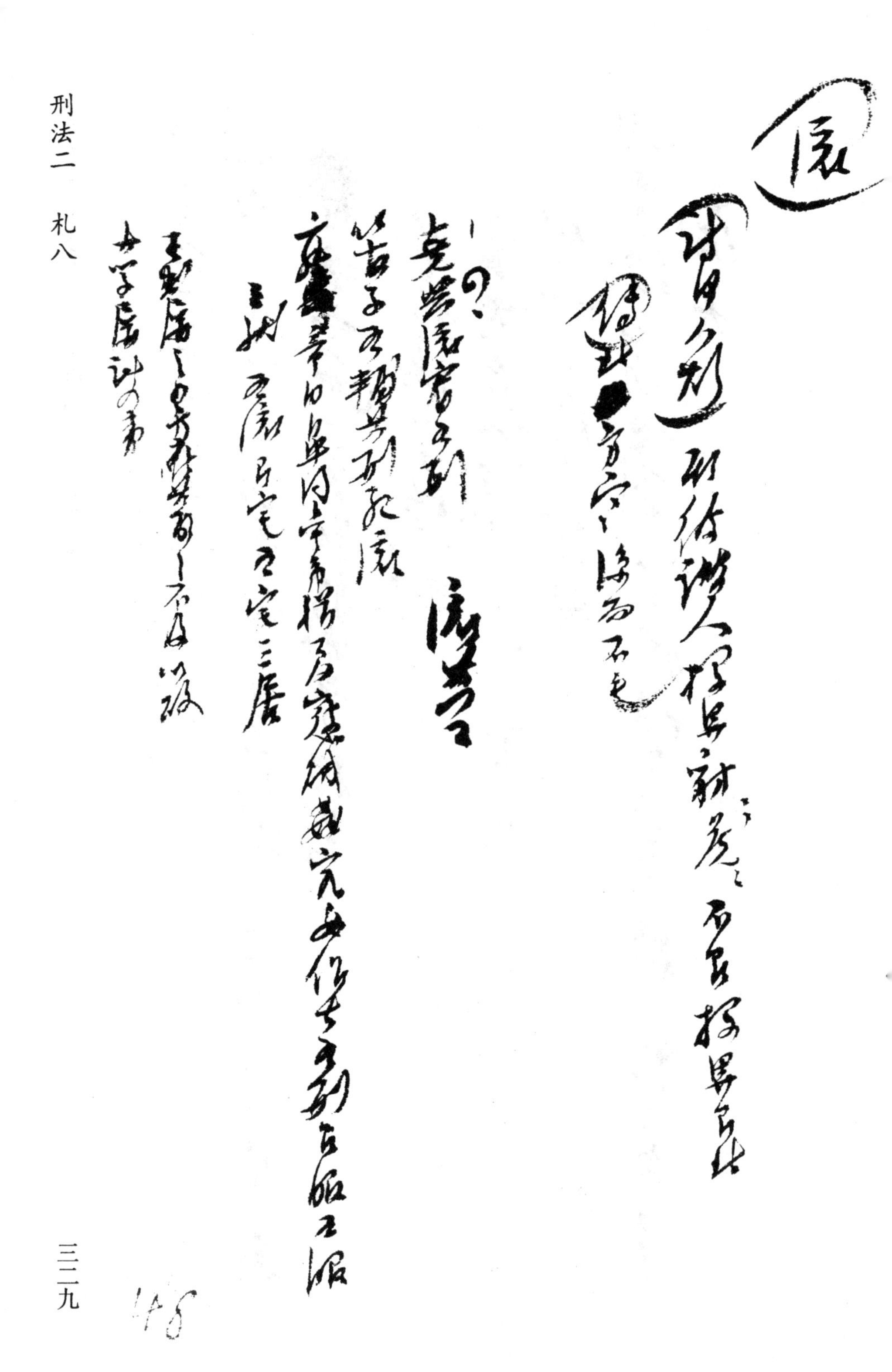

[illegible]

官人罰族其大夫屬罰其手胼之遊

文侯之子三年製之乃命十二月乃命不如其之糧宮其以遊魏遷以寧年

晝而西之乃有罰族將林之樂矣

林之族陵其根手遊

襄先君族高之

卷三之族是篇雜

干比燕

遊

比貴族屬王紀同定之叔 時良禽 揚之材其所往來

廣矣

（同族）（上）

（君為同姓）至三之同族見罪則不刑矣

（小司寇）凡王之同族有罪不即市

（掌囚）凡有爵者與王之同族奉而適甸師氏

以待刑殺

（文王世子）

秋官掌戮凡殺人者踣諸市肆之三日刑盜于市凡罪之麗於法者亦如之

唯王之同族與有爵者殺之于甸師氏

呂覽貴直 狐援說齊湣王、、、不受、、出而哭國三日

、、、齊王問吏曰哭國之法若何吏曰斮（王曰行斮）王曰

小吏陳斧質於東閭、、、

斮‖斬

公羊成二 郤克曰欺三軍者其法奈何曰法斮

於是斮逢丑父

注斮斬

月宋人弒其君處臼弒君者曷爲或稱名氏或不稱名氏大夫弒君稱名氏賤者窮諸人賤者謂士也士正自當稱人○處臼二傳作杵臼大夫相殺稱人賤者窮諸盜降大夫使稱人降士使稱盜者所以別死刑有輕重也無尊上非聖人不孝者斬首梟之無營上犯軍法者斬要殺人者刎脰故重者錄輕者略也不日者內娶略賤之○別彼列反梟古堯反要一遙反刎亡粉反頭如字本又作脰音豆

疏 注故重至略也○解云謂大夫弒君罪重故稱名氏責之深若大夫相殺罪輕於犯君故降稱盜者義之輕然也○注不日至賤之者既說于上

華

上十六

檢之下五字前……蓋人雖已死而身可以受植柳杖

斷之不能續其死 創其人

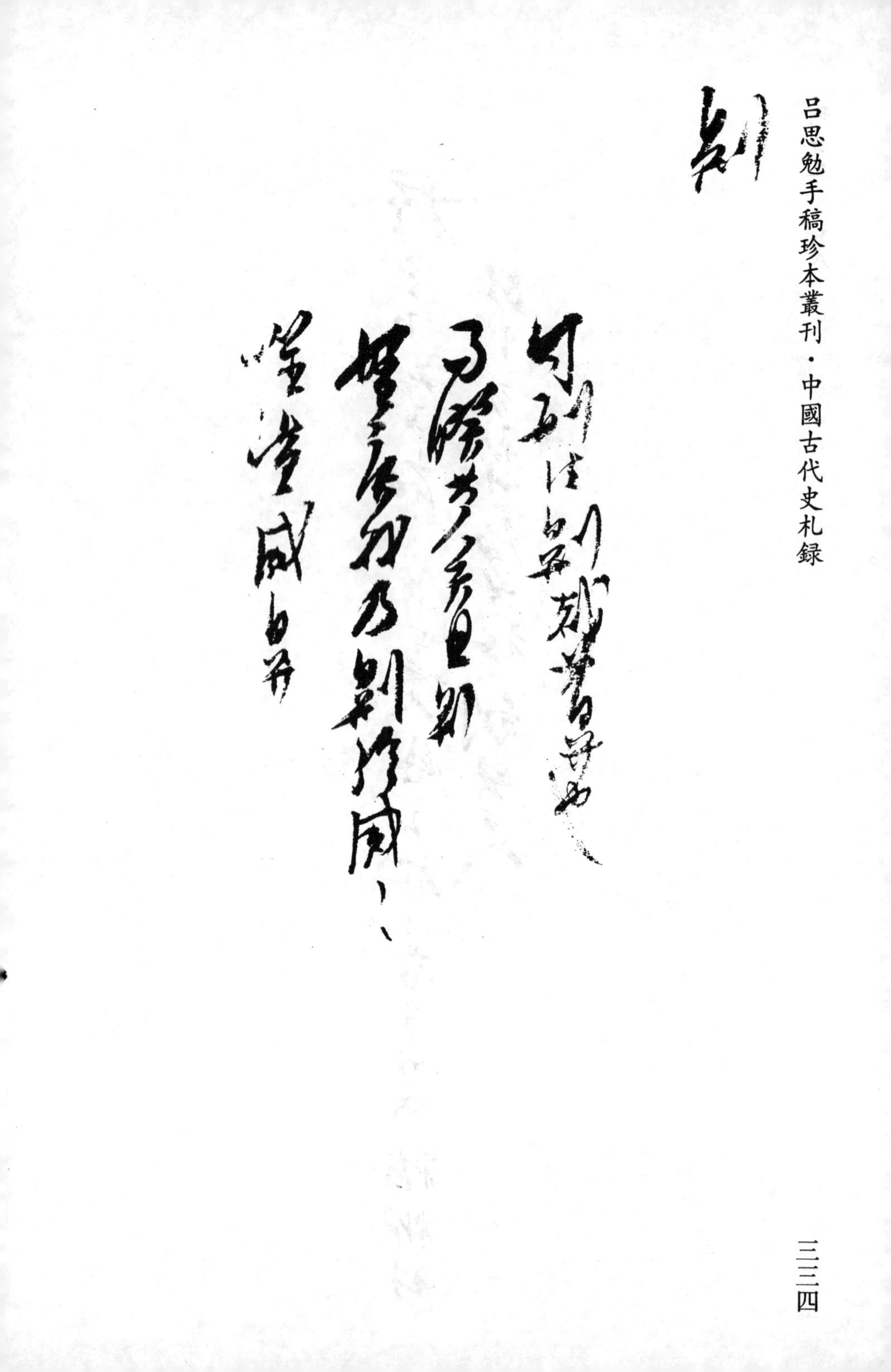

[illegible]

司刑掌五刑之灋以麗萬民之罪墨罪五百劓罪五百宮罪五百刖罪五百殺罪五百墨黥也先刻其面以墨窒之劓截其鼻也今東西夷或以墨劓爲俗古刑人亡逃者之世類與宮者丈夫則割其勢女子閉於宮中若今宦男女也刖斷足也周改臏作刖殺死刑也書傳曰決關梁踰城郭而略盜者其刑臏男女不以義交者其刑宮觸易君命革輿服制度姦軌盜攘傷人者其刑劓非事而事之出入不以道義而誦不詳之辭者其刑墨降畔寇賊劫略奪攘撟虔者其刑死此二千五百罪之目略也其刑書則亡夏刑大辟二百臏辟三百宮辟五百劓墨各千周則變焉所謂刑罰世輕世重者也鄭司農云漢孝文帝十三年除肉刑○劓魚器反李魚介反又疑既反刖音月又五刮反李音五骨反黥其京反窒本又作𡫸同乃結反徐丁吉反又丁結反與音餘斷丁管反臏頻忍反徐方忍反劓符八反攘如羊反降戶江反撟居兆反

疏注墨黥至肉刑○釋曰案尚書呂刑有劓刵椓黥是苗民之虐刑至夏改爲黥則黥與墨別而云墨黥者舉本名也云今東西夷或以墨劓爲俗古刑人亡逃者之世類與者墨劓之人亡逃向夷詐云中國之人皆墨劓爲俗夷人亦爲之相襲不改故云墨劓爲俗也言與者無正文鄭以意而言也故言與以疑之云若今宦男女也者即宮人婦女及奄人護守內閤者也云刖斷足也周改臏作刖者臏本亦苗民虐刑咎繇改臏作髕至周改髕作刖書傳云臏者舉本名也云男女不以義交者其刑宮者以義交謂依六禮而婚者云謂易君命者觸君命令不行及改易之云革輿服制度者依典命上公九命國家宮室車旗衣服禮儀皆以九爲節侯伯已下及卿大夫士皆依命爲多少之節是不革今乃革之革改也謂上僭也制度即宮室禮儀制度也云姦軌者案舜典云寇賊姦軌鄭注云強聚爲寇殺人爲賊由內爲姦起外爲軌案成十七年長魚矯曰臣聞亂在外爲姦在內爲軌御姦以德御軌以刑鄭與傳不同鄭欲見在外亦得爲軌在內亦得爲姦故反覆見之或後人轉寫誤當以傳爲正云降畔寇賊劫掠奪攘撟虔者其刑死者案呂刑云寇賊姦軌奪攘撟虔注云有因而盜曰攘撟虔謂撓擾春秋傳虔劉我邊垂謂刦奪人物以相撓擾也云此二千

吾鄉十三經從從師手札新劇而書之者是皆先生將消西後

世劇

（西刑）

（吳刑）黄氏擋開雪刑以刑從依孤寡了到日時審奸淫

而（剮刑 枷 一）……吳三事辰枝上在對了有七年 根花藏

周氏黄氏無妻……江七二年法官氏保京尺之刑

千苦……乃今二人好奶千氏你弟降幽奸民撻打……

（錄）刑至武耳中死與刑杖枷刑杖殺時斬

戮斬人命蔣尸去也 之內刑 方才將軍刑罪

程罪因死而刑京審 裁不裁與多裁了

枷除苦守在場斬而去枷罪邸

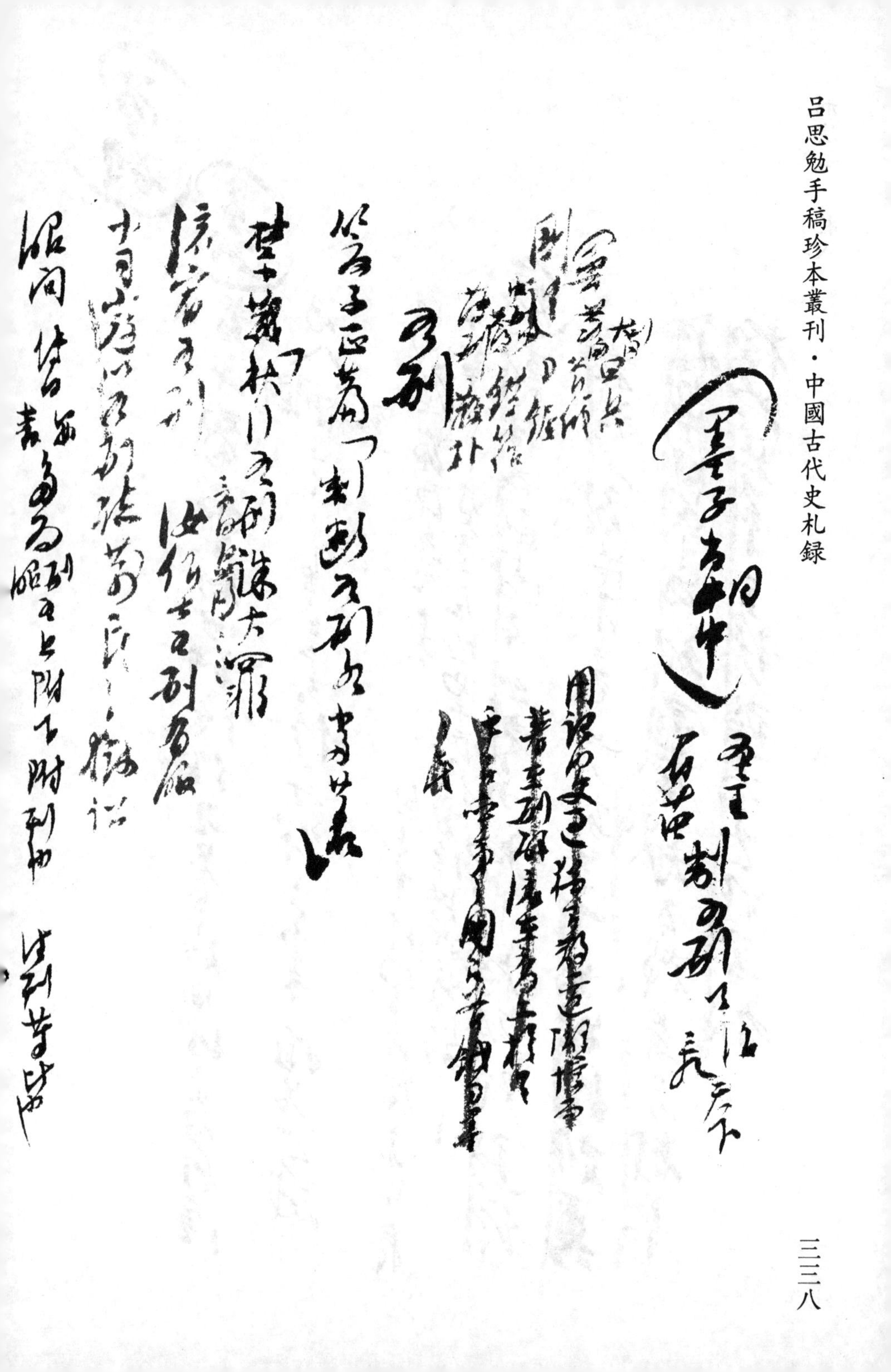

（墨子尚同中）

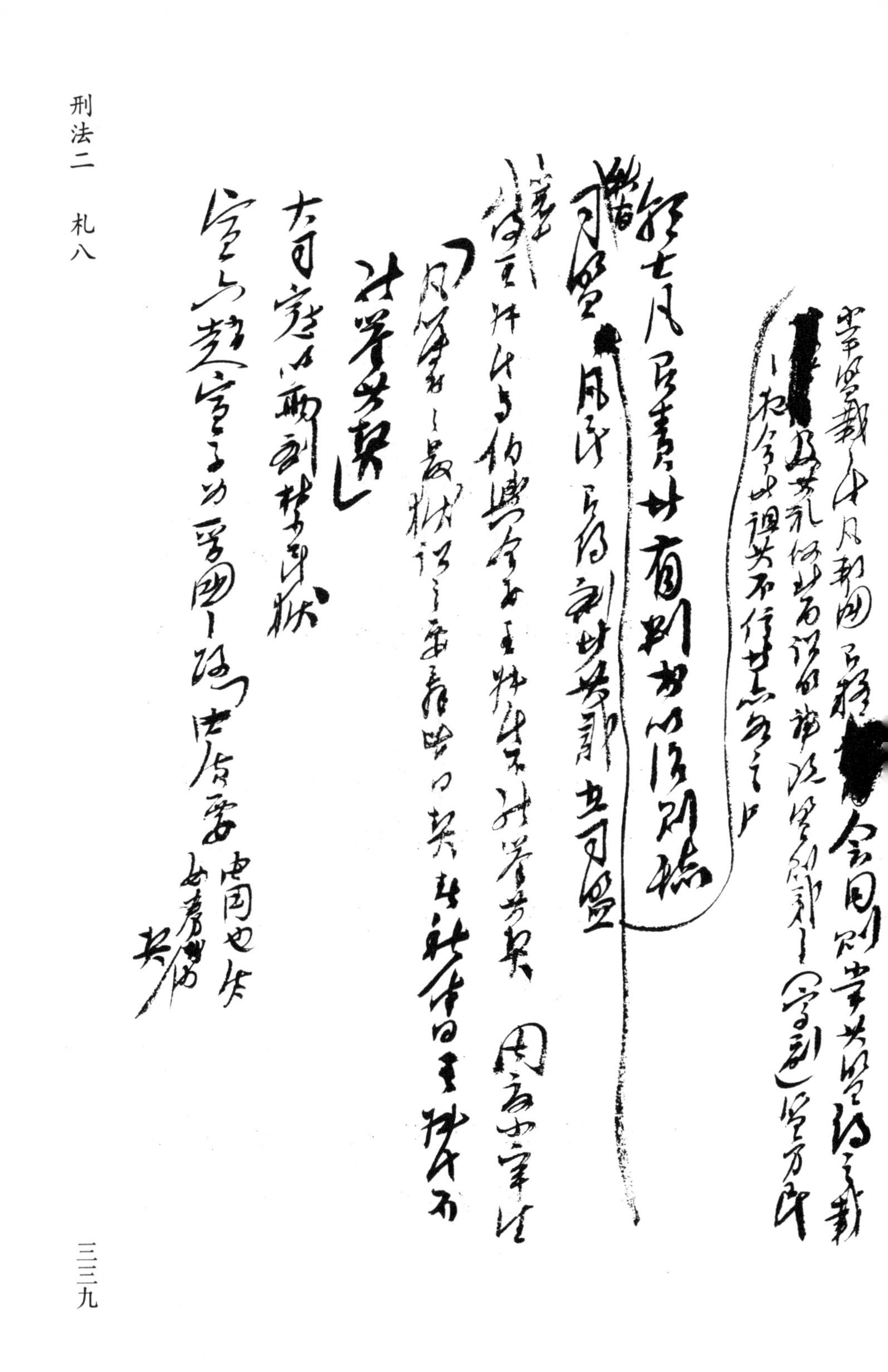

孟德斯鳩云。古狠巴耶法典中。曾有一令。後遇產業爭執。一方人謂所執契約。眞合法典。一方人以爲不然。指爲僞造。或不合法典者。許用決鬭斷獄。其世俟爭執分地。以至教會僧侶土田之訟。取斷決者。事同一律。僧侶准以衛介執兵代鬭……等語。其後聖路易且禎

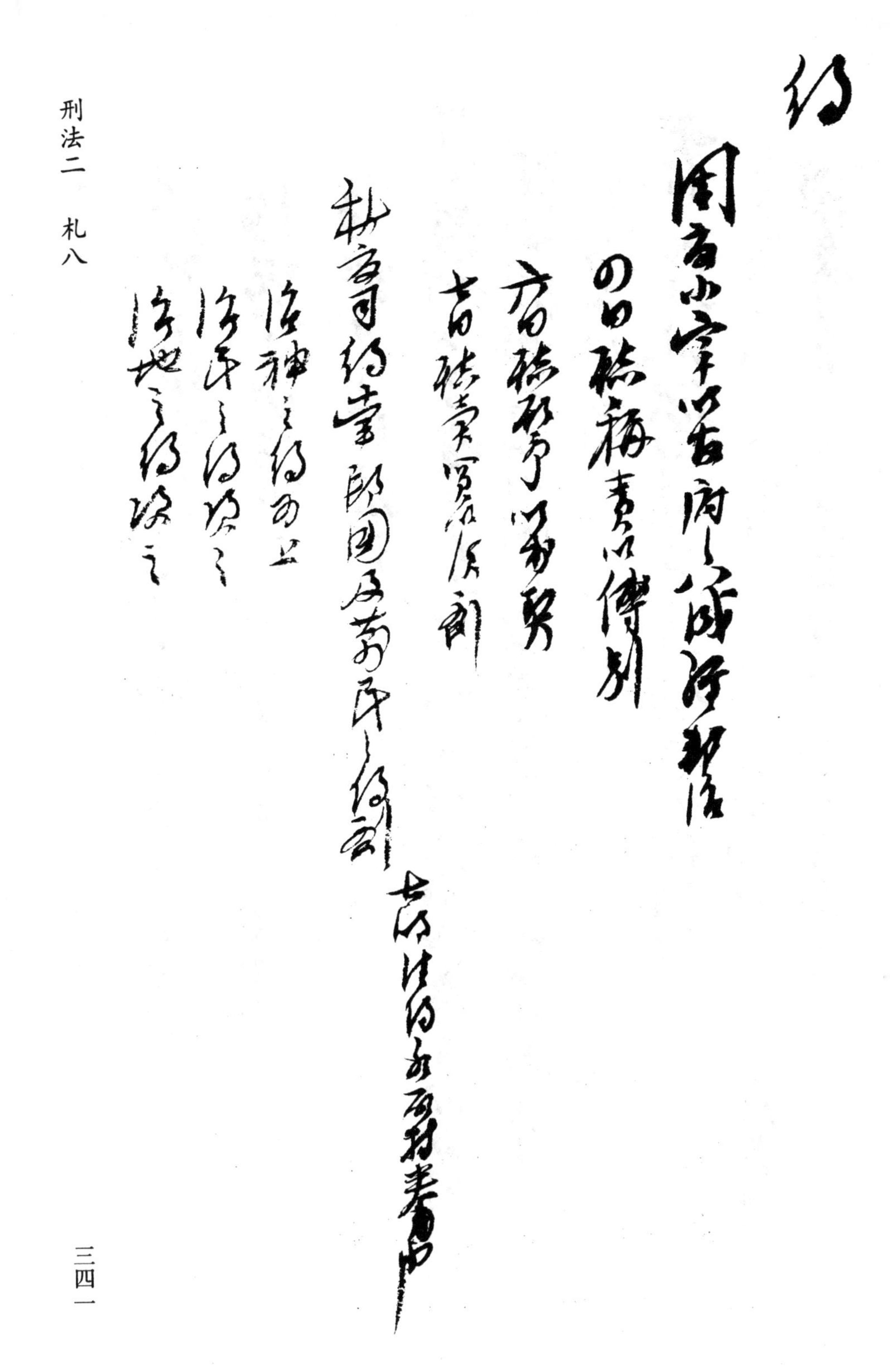

治功之約次之 謂王功國功之屬賞爵所及也

治器之約次之 謂禮樂吉凶車服所得用也

治摯之約次之

凡大約劑書於宗彝小約劑書於丹圖若有訟者則

珥而辟藏 開府視約書 其不信者服墨刑 若大亂

則六官辟藏其不信者殺

司盟 凡以財獄訟者正之以傅別約劑

大司寇 凡邦之大盟約涖其盟書而登之于天府大史

內史司會及六官皆受其貳而藏之

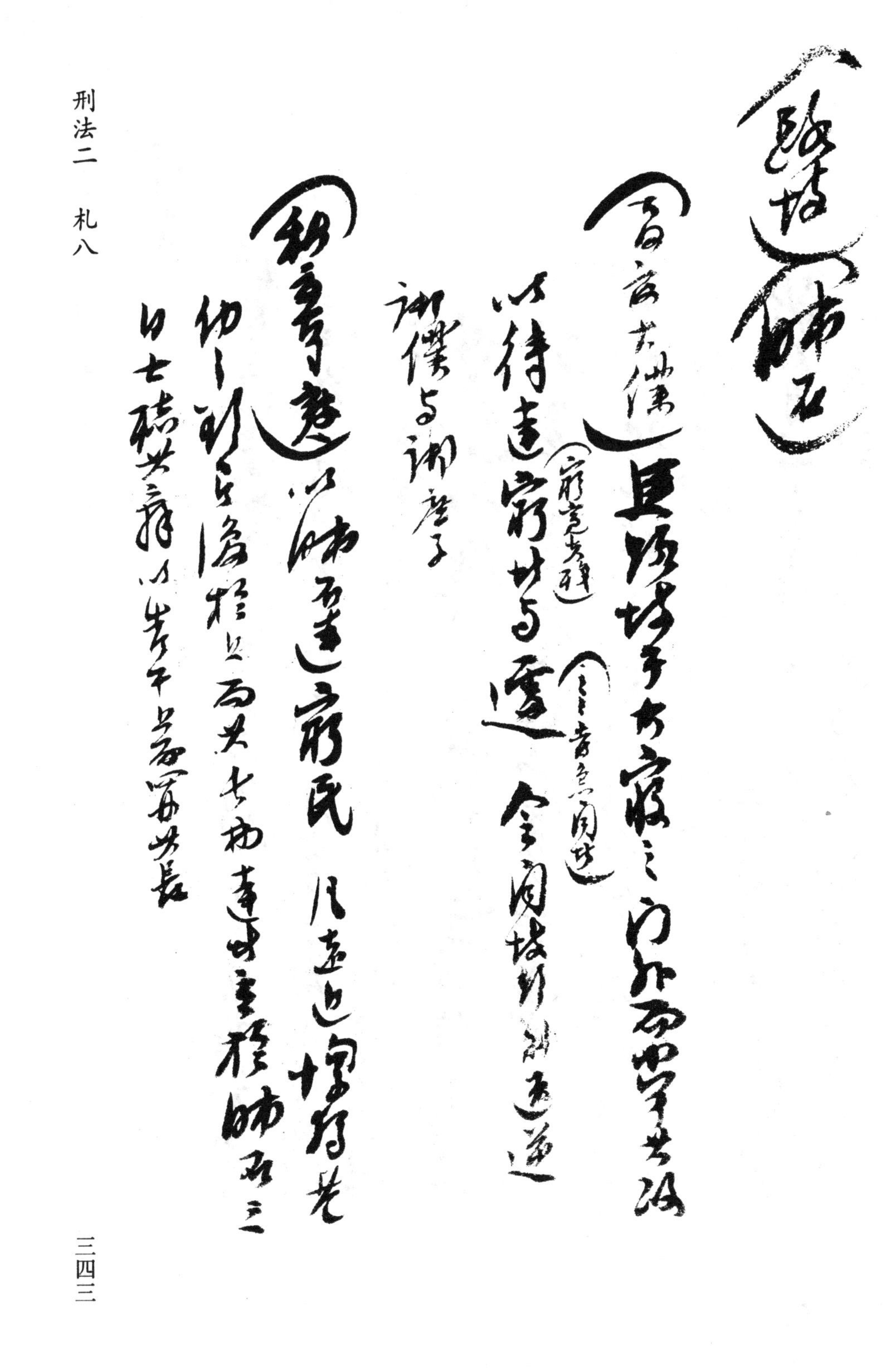

宗彝

秋官司約掌邦國及萬民約劑……凡大約劑書於宗彝，小約劑書丹圖（注：大約劑，邦國約也。書於宗廟之六彝，欲神監焉）。若有訟者，則珥（讀為衈，謂殺雞取血釁其戶）而辟藏（開府視約書也），其不信者服墨刑。若大亂，則六官辟藏，其不信者殺。

大司寇：凡邦之大盟約，涖其盟書而登之于天府（注：天府，祖廟之藏）。

秋官司盟掌盟載之法（載，盟辭也）。凡邦國有疑會同，則掌其盟約之載及其禮儀。

15

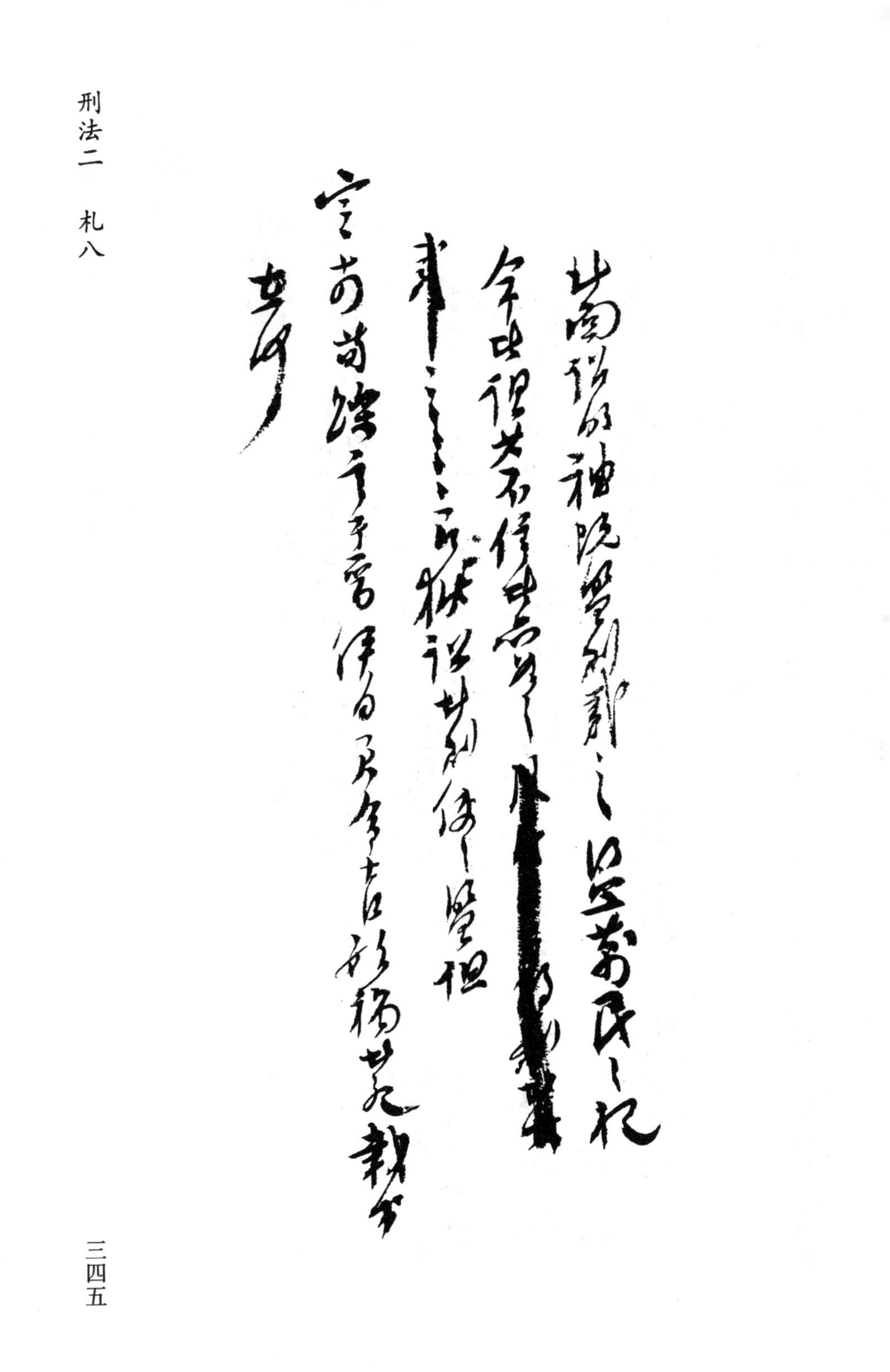

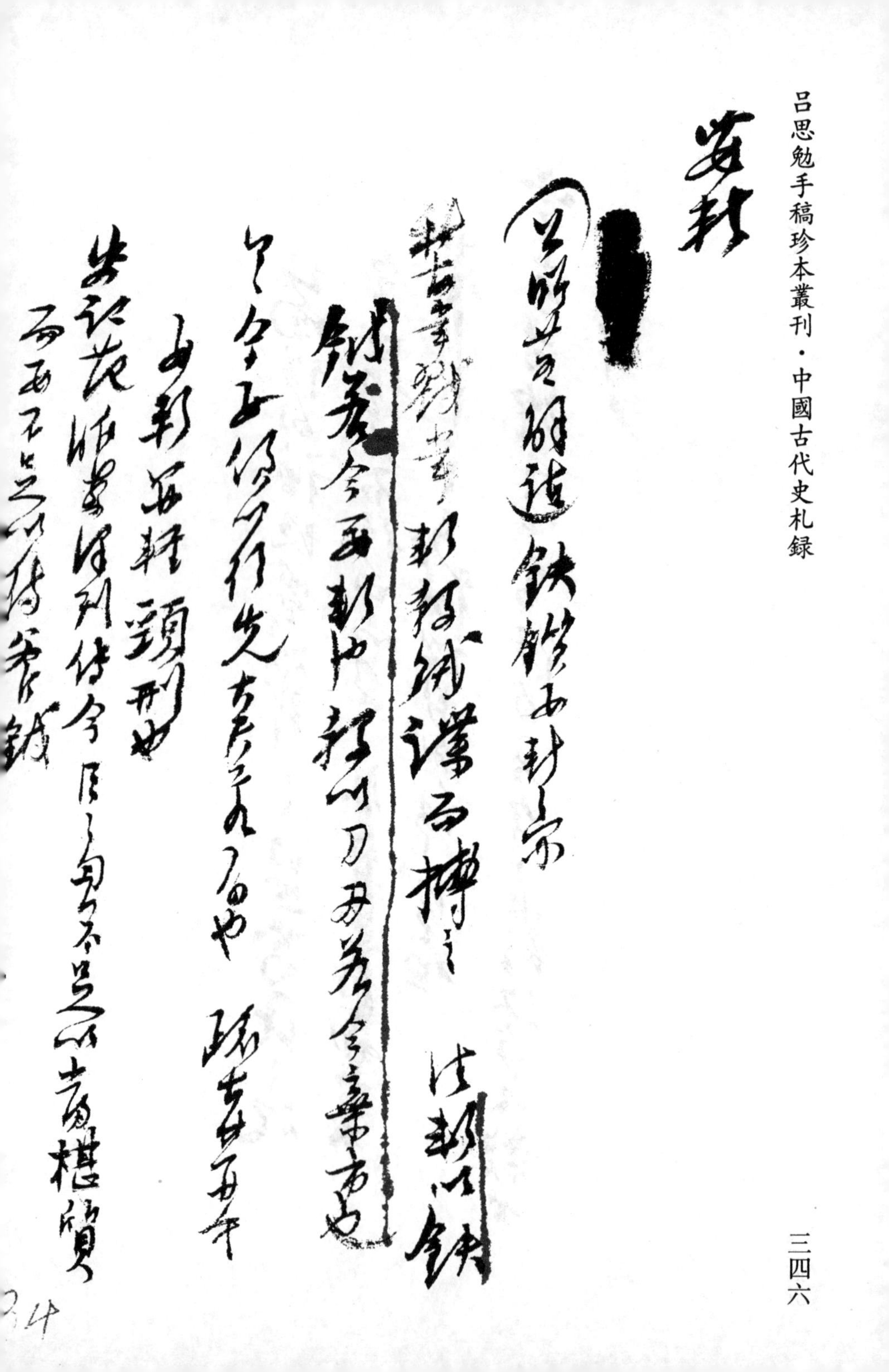

安耕

刑法

絞縱以戮

右第二條絞所以縱人物

右儀八章人體需肯綮語錄第六

日本大正孫　甘茲以外不孫

施旗

荀子議兵
史記項本紀
呂覽順民 通理
韓延壽傳
列也傳一為書銅柱加一蓋上今兵部以為韓旗大事）
江都蕭穆書引潘和林言漢書作施旗（十三經注疏篇）
順序言注一何書謁閱入禹作銅幡燎為幕今人嘗之
其上人陸大而以（墨云音作旗）
李陵引那說生一言同
楊倍注旗古書有反

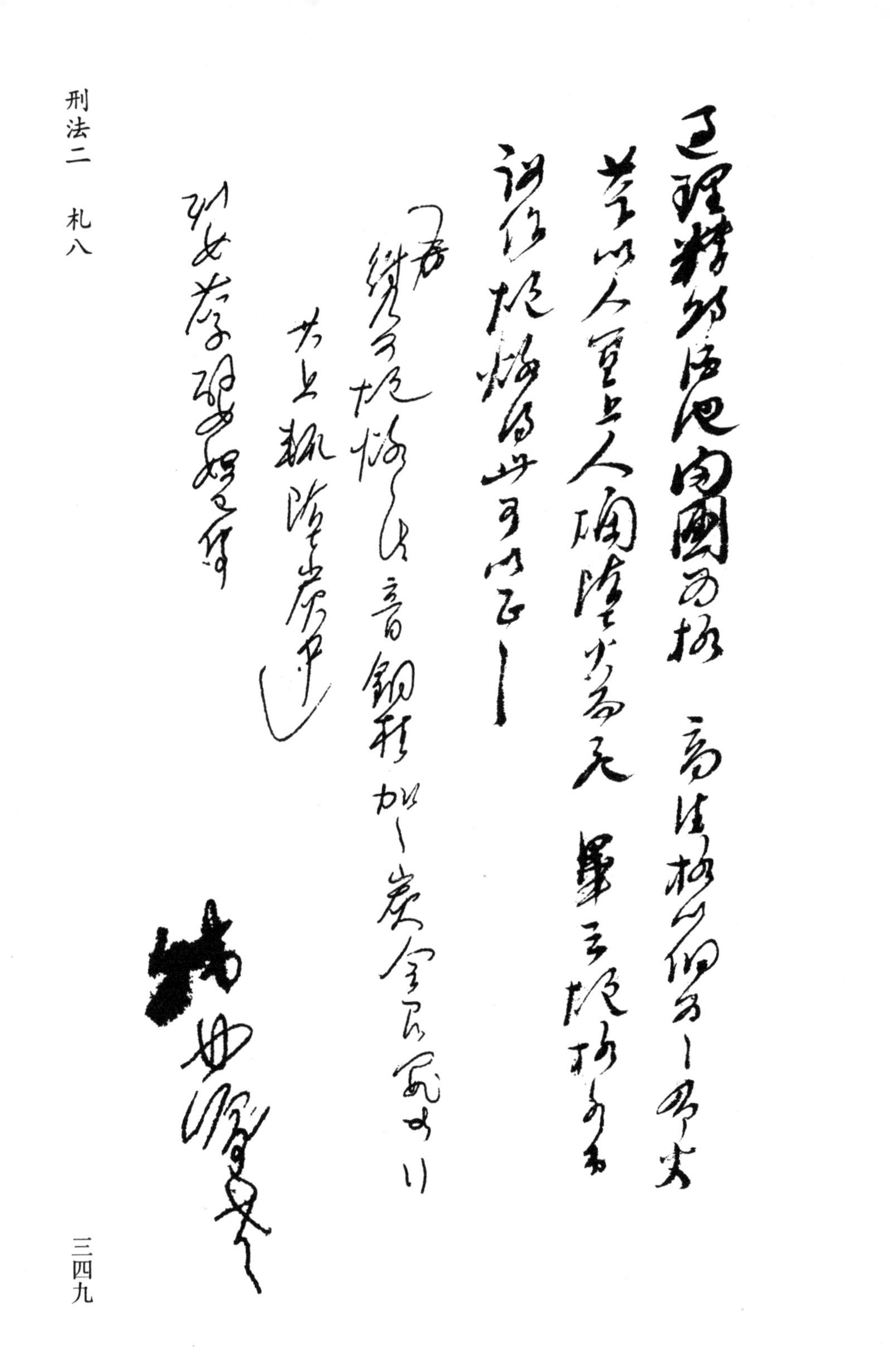